SEX & MONEY

私はそれを我慢できない

目次

第二章　ＡＶ女優・里美ゆりあ誕生

第三章　人生は甘くない

第四章　ゆりあが考えていること

プロローグ

「おいで、お父さんだよ」

目の前に、知らない男の人が立っていた。十歳のことだった。

「お父さん！」

七つ上のお姉ちゃんは嬉しそうに駆け寄った。私がためらっていると、

「忘れちゃったかな。仕方ないか。まだ小さかったもんな」

と、「お父さん」は微笑んで言った。

私のお母さんは、私が三歳のときに離婚した。私にはお父さんの記憶がない。物心ついたときから、お父さんはもう家に帰ってくることはなく、お母さんから「お父さんは死んだ」と聞かされてきた。

父親がいないことに「寂しい」と感じたことはない。私にとっては最初からいないようなものだったから。

お祖父ちゃん、お祖母ちゃんとも一緒に住んでいたから、やさしいお祖父ちゃんが父親代わりのようなものだった。

そんなある日、お姉ちゃんが言った。

「ねえ、お父さんに会いたくない？」

「お父さん？　死んじゃったんじゃないの」

「死んでないよ。覚えてないかもしれないけど、私たちにはお父さんがいるんだよ。お母さんに内緒で会いに行こう」

電車で三十分。そう遠くない町にお父さんが暮らしていることを、どういうわけかお姉ちゃんは知っていた。

初めて会う、お父さん。

「お父さん……」

呼びかけてはみたものの、何か少し違和感があった。慣れていないからといった単純な理由じゃない。何かが違った。

――本当におじさんは私のお父さんなのかな。

私のカンは結構よく当たる。でもこのとき、私はまだ何も知らない小さな子どもだった。

第一章

寂しさを男で紛らわせていた十代

十二歳で初体験

神奈川県横浜市。東京湾に面した地域の工場地帯。近くの幹線道路は早朝でも深夜でもおかまいなしに大型トラックが行き交っていた。

周囲の住民には工場労働者が多い。外国人労働者も多く、韓国人、北朝鮮人、中国人、フィリピン人、ブラジル人、ペルー人などは珍しい存在ではなかった。

田園風景を知らずに育った。遊び場の周囲を見渡せば、工場の大きな建物と排煙とほこりまみれの道路。煤けた灰色の空。これが私の故郷。

お父さんと離婚したお母さんは、十歳と三歳の娘を抱え保険会社で働いていた。

女手一つで幼い子どもたちを育てるのはたいへんだったと思う。お母さんは毎日忙しく遅い時間に帰ってくるため、手料理を食べたことが私はない。

毎日の生活の面倒は、一緒に暮らしていたお祖母ちゃん、お祖父ちゃんがみてくれた。

二人ともしつけには厳しかったけれども、優しかった。特にお祖父ちゃんは私に甘かった。

小学生の頃は学童に通っていて鍵っ子だった。

自分の基地を作ったり、ナメクジを学校で見つけて一度家に帰り食卓塩を持ってまた学校に戻って、急いでナメクジに塩をかけて本当に溶けた事に感動と恐怖を感じるような好奇心旺盛な子。一輪車とバトンが得意だった。

お母さんとゆっくり一緒にいられるのは日曜日だけ。そんな貴重な日曜日も、楽しい思い出はあまりない。公園でハトに餌をあげたり、洋服やゲームソフトを買って貰ったり。

お母さんは朝起こすときまって「笑っていいとも！増刊号」を観る。私は「テレフォンショッキング」の大人の会話が理解できず、つまらなくて早くお母さんと遊びに行きたくて催促していた。おままごとをして、お母さんにおもちゃのご飯を食べるふりをしてもらったり、構ってほしくてしょうがなかった。

仕事で疲れていたのかもしれないが、正直なところ愛情が感じられないというか、子どもへの関心が薄いように感じて、寂しくてたまらなかった。

夜、道路からハイヒールの足音が聞こえてくると、すぐにお母さんの足音だと気づいて、かまってほしくて玄関まで迎えに行く毎日。いつもお母さんが家にいてお母さんがご飯作ってくれるという普通の家庭に憧れていた。

お母さんの若いころの写真を見ると、髪の毛がサラサラのロングで、結構美人。ラッパズボンを穿いて、おしゃれな丸いサングラスをかけて。モテてたと思う。

専業主婦になる女性が多い時代に、結婚しても子どもが生まれても、仕事を辞めなかった。お父さんが浮気がちな人だったので、離婚しても暮らしていけるよう、ずいぶん前から覚悟していたのかもしれない。保険会社で支部長になるまでがんばった。仕事のできる人でもあった。

今なら離婚はそう珍しいことではないかもしれないが、当時は少なく「恥ずかしい」と思う人が大半の時代。それでも離婚して一人でがんばって……。

まじめで意志の強い人だと思う。離婚後も恋愛話なんて聞いたことがない。仕事、仕事のお母さんだった。

お母さんは常に不在、おじいちゃんには甘やかされ、そばには七歳も年上のお姉ちゃん。そんな環境で、私はちょっとヤンチャな好奇心の強い女の子として育った。

とりわけ、性への好奇心が強かった。オナニーは幼少からしていた。最初は、たまたま寝返りを打ったら、タオルケットが山になっていてそこにクリトリスが当たってイッてしまった。

「なに、これ!?」

電流が走ったような、いままで味わったことのないなんとも言えない気持ちよさ。それからはこの気持よさを味わうために、毎晩タオルケットで山をつくって寝ていた。

それから一年ほど経ち、タオルケットでなくても自分の指でソコを刺激すれば気持ちがいいということに気づいた。それからは毎晩、指。

指で楽しむことを覚えたあと、お母さんの部屋に、先が円盤のようになってるマッサージ器をみつけた。スイッチを入れると、円盤部分が「ブイーン！」とすごい勢いで回る。

それを当てたら、タオルケットよりも指よりももっともっと気持ちがいいことに気付いた。

あまりに気持ちよかったため、今度は毎晩のようにそれを使うように。「ブイーン！」という音がかなり大きいため、布団を頭からかぶってオナニーにふけった。

これが「オナニー」というものだと知るのは、もう少しあとのことになるけれど。

初めて彼氏ができたのは小学六年生のとき。

クラスメイトのフィリピン人の男の子、マルコ。クラスには何人かこうした外国籍の子どもがいて、日本人の子たちよりも外国人の子たちどうしでつるんでいることが多かった。私とマルコはお互いに惹かれ合って、どちらからともなく一緒に遊ぶようになり、付き合うようになった。

日本の男の子は小六でも子どもっぽい子が多いけれど、マルコはごく自然に女性をリードしてくれる紳士のよう。

そう、私に対する扱いが「女子」ではなくもう「女性」なの。

夕方はちゃんと家まで送ってくれて、とてもやさしかった。付き合い始めて、ファーストキスを経験した。

いつものように家まで送ってくれた後、何か伝えたそうにモジモジしていてもどかしい様子の彼がいた。

「どうしたの？」

「どうしようかな、どうしようかな」

モジモジしてしばらくしてから突然キス。

びっくりしたけど、ものすごくドキドキしたしうれしかった。

うちに遊びに来たときは、お姉ちゃんの部屋でセックスを求めてきた。私もしてみたかった。

ところが……、おちんちんがまったく入らない！

すごく大きい。とてもじゃないけど、あそこに入りそうもないほど大きい。

マルコは焦って一生懸命入れようとしていたけれど、痛くて痛くて。先っぽが入ったか入らないかくらいで、それ以上、奥まで入っていかなかった。

かろうじて指は入ったけれど、それも気持ちがいいとはほど遠かった。

やさしいマルコは無理やりしようとはせず、その日はそれだけで終わってしまった。とても残念だった。

その後、ほどなくマルコの友達で同じ小学六年生のブラジルの男の子、クレイトンという子と遊んでいたら、自宅のマンションの階段の踊り場で急に「しゃぶれ」と言われた。

クレイトンにはお兄ちゃんがいたので、アダルトビデオを見たことがあったのか、性の知識が豊富。フェラチオに興味があったらしい。

私も好奇心旺盛なほうなので、素直にしゃぶってあげた。

すでにビンビンだったクレイトン。そして、そのまま挿入へ……。

マルコのときはあんなに痛くて入らなかったのに、今回はフェラの唾液で濡れていたせいかすんなりとクレイトンを受け入れることができた。

これが私の初体験。

まだ「気持ちいい」とまでは感じなかったけど、「もっとセックスがしてみたい」と思った。

クレイトンとは学校の朝礼台の上でもエッチをした。正常位でしている時に、生まれて初めて流れ星を見た。とてもきれいだったけど、願いごとをする間もなく流れてしまった。

それ以来、まだ一度も流れ星を見ていない。

その後、何度かクレイトンとセックスをした。

「もっともっとセックスをしたい」という、その思いは高まるばかりだった。


これには後日談がある。

大人になってからマルコと再会したのだ。相変わらずマルコは紳士で、私の生まれ年のワインをさりげなくプレゼントしてくれた。

でも、身長が六年生のときからほとんど変わっていなくて、当時はスラッとしてめちゃくちゃカッコよくて、ケンカが強いと思っていたのに、大人になって見たらそうでもなかった。

笑顔も昔はキラキラして素敵だったのに、大人のマルコは笑ったら前歯がほとんどなかった。勤務している工場の給料が安く、歯医者に行くお金がないという。

あのときのカッコいいマルコはどこに行っちゃったの？

指しか入らなかったリベンジとして、今度こそ本当にセックスしようと私の家へ行ったのだけれど、なんと！　今度は勃たなくて入らなかった。

なので、いまだにマルコとはやっていない。

よく「昔の憧れの人とは会わないほうがいい」と言うけど、本当に初彼氏の思い出は裏切られたなあ。

でも私はとても会いたかったから、やっぱり会えてよかったと思う。

マルコはすでに出会い系サイトで女性と知り合い結婚し、離婚したらしい。

クレイトンと初体験をした後は、彼氏が途切れたことはなかった。二十五歳まで一度も、そばに男がいないことはない。

セックスが気持ちいいと感じ始めたのは、三人目くらいからだったな。

一緒に遊んでいたグループのなかに三つ上の超ヤリチンの先輩がいて、毎日のように、それも一日何度もされまくってどんどんハマっていった。

「やりたい」と言う男がいれば、やる。タイプじゃない人でも、誰とだってセックスは気持ちがいい。

だから「やらせろ」と言われて断ったことはなかった。断る理由なんてない。リードされてそういう雰囲気になったら、いつでもやる。

いわゆる「ヤリマン」って言う人もいるけど、私自身はヤリマンとは思ってない。ただ、セックスにすごく興味があった。遊びの延長線だと思っていた。

十二歳のとき、女の子三人で公園で野宿して、二十歳の男の人三人に声かけられたときは、私だけ4Pした。

中学一年のときは、十八歳のとび職の男の子と付き合って、やはり四六時中やりまくっていた。

彼はすごくこなれていて、挿入するときに「足から力抜いて。そのほうが気持ちよくなるよ」とやさしく声をかけてくれた。

言われた通りにすると、二本指でスルッとマイルーラを入れてきて、中出しをする。

その指さばきの華麗さに、もう先輩のエッチの虜になってしまった。指もちんちんも気がつけば入ってたという感じで、知らない間にアヘアヘ状態に……。

思えば、彼は横浜での最後の彼氏だった。

突然の再婚

横浜では、髪の毛を染めるのにコーラをかけてみたり消毒液をかけてみたり、染めるスプレーをして髪の毛を茶色くしたかった。だから、中学生になってすぐに脱色。

タバコやケンカ、夜に家を抜け出してバイクで遊んだりカラオケ行ってお酒飲んだり、大人に憧れてヤンキーに憧れた日々を過ごしていた。学校のカバンには、常にメリケンサックとセブンスターが入っていた。

とび職の子とつきあってセックスの味をしめた私は、彼と付き合うまでは受け身だったのに、彼と別れてからは肉食系となって、自分からももっと積極的にセックスを楽しむようになった。

「童貞を捨てたい」という子に応じてあげたこともあった。

いつでもセックスは気持ちがよかった。

セックスに対する好奇心が、依存に変わっていったのは、中学二年生のころだ。あのとき私はどん底にいた。

というのも、中学二年になってすぐお母さんが突然再婚したのだ。本当に突然だった。


私が小学生のときも知らない男の人が一人、よく遊びに来ていた。その後、お母さんは結婚相談所で三人の男の人を紹介された。

一人目は私が中学一年のとき。「元刑事」と言っていて、私は反抗期でグレていたから、「こんな人がお父さんになったら絶対に何もできなくなる。嫌だ」と思った。向こうも「こんなにグレている娘なんて嫌だ」と言い、再婚はなしになった。

二人目は一緒にスキーに連れて行ってくれて、会話もおもしろくて素敵な人だったが、その人にも息子がいて、再婚したら「お兄ちゃん」になるのだが、その人の家に遊びに行ったときに、「何か映画でもみる?」となり、ビデオを再生するとまさかのＡＶ！　私の横にはお母さん……。一瞬にして「この人は『お兄ちゃん』じゃない、『男』だ！」と感じてしまい、嫌になった。

三人目が、再婚相手。私は一度も会うことなくお母さんが勝手に再婚を決めた。最悪な人だった。

「お前は今日から僕の娘だ。『お父さん』と呼ぶように」

目の前に、まったく知らない男が立っていた。その男は、佐々木さん（仮名）と名乗った。それまで一度も佐々木さんとは会ったことはなかったし、お付き合いしているという話すら聞いたことがなかった。やはり結婚相談所で見つけた相手だという。

多感な時期にそんなことを突然言われて、「お父さん」なんて素直に呼べるはずがない。

私がためらっていると、佐々木さんが言った。

「『お父さん』と呼ぶように。わかったか。聞こえたらちゃんと返事をしなさい」

何を偉そうに。こんな人はお父さんじゃない。反発しかなかった。

「名字が変わるのが嫌だ」と言ったら、「ナメるな！」と胸ぐらをつかまれ、脅された。初めて男の人に脅され恐怖を感じた。

その後、当時付き合っていたとび職のヤンキーの彼と離ればなれにさせられるのが嫌で、二人で佐々木さんの車のボンネット全面に十円パンチ（十円玉で傷をつけること）を食らわせてやった。

後で聞いたら修理代が七十万円かかったという。佐々木さんの金でお母さんは暮らさなくてはならないということに気付いた時は、お母さんに申し訳ないと思った。

お母さんは私に構うことなく言った。

「お母さんとお父さんと結婚するの。みんなで千葉に引っ越すよ」

頭が混乱した。千葉は縁もゆかりもない土地。

「千葉？　どうして？」

「千葉のお父さんの家で暮らすの」

「学校はどうするの？」

「転校するから」

千葉の家は五十四万円で買った新しい家だという。再婚相手を紹介された時には、もう既に家を購入していたらしい。

佐々木さんは「横浜は治安が悪いから引っ越したほうがいい」などと言っていたが、今思うと佐々木さんの家があったのはもっと治安が悪い田舎だ。もう籍も入ってたので、まだ義務教育中の私はもがく余地もなく、付いていくしかなかった。

当時、お姉ちゃんはもう成人していたから、

「私は新しいお父さんと一緒に暮らすなんて嫌、新しい名字になるのも嫌だし、千葉に行くのも絶対に嫌だ」

と、横浜で一人暮らしをすることになった。

余談だが、お姉ちゃんとは小さい頃は仲が悪くケンカばかり。中学生の頃、先輩や友達三人に囲まれてジュースを頭からかけられて殴られたことがあったが、お姉ちゃんが助けに来てくれた。でも、すぐどこかに行っちゃった。

十六歳のときには仲良くなって、山下公園でお姉ちゃんの車を運転して一緒にナンパ待ちをした。

そんなお姉ちゃんと離れ、お祖父ちゃんもお祖母ちゃんもいない。土地勘もない、友達もいない。

突然、新しい環境に放り込まれてすんなりなじめるわけがなかった。学校に行っても当然友達なんてできない。友達がほしいと思わなかったから、溶け込もうともしなかった。髪は脱色していて化粧もして見た目は派手なギャルだし、完全に浮いていた。

そのころお母さんはまだ四十代後半。再婚したいという願望を持つのは仕方がない。そのこと自体は反対しない。

でも、もっと子どもの気持ちを考えて、きちんと段階を踏んでほしかった。ふつう最初は一緒に食事をしたり、どこか出掛けたりして、徐々に親しくなって、子どもが「この人がお父さんでもいいかな」と思えるようになってから再婚するものじゃないのか。

いきなり初対面で「この人が新しいお父さんです」と言われる衝撃。しかも引っ越す、転校すると言われて、頭の整理がつかない。彼氏はもちろん、友達ともみんな離れなければならない。

なにがなんだか、めちゃくちゃになってしまった。私が横浜で築いたものが、全部踏みにじられてしまった。

「畑や田んぼに囲まれた生活なんて嫌！　田舎に住むのは絶対無理」

私が生まれ育った地域も今考えると「都会」というわけではないのだが、引越し先の千葉はまわりに畑が多く、その風景は、常に新しい刺激を求めていた私を心底うんざりさせた。

佐々木さんの性格も最悪だった。

それまでの私は、門限なんてあってないようなもの。夜中に部屋をこっそり抜け出して遊んだり、学校に行かないで遊んだり、自由気ままな生活をしていた。

それが「正しい」わけではないことはわかっていたけど、お母さんだって子どもにまったく構わず、母親らしいことを何一つしていないのだから文句を言われる筋合いはない。

ところが、佐々木さんは時間にめちゃくちゃ厳しい。

「まだ中学生。門限は七時。それで充分だろ」

「は、七時？　何言ってんの、勝手に決めるなよ」

「なんだ、親に向かってその言葉使いは。門限を破ったらもう遊びに行かせないようにする。わかったか」

……わかるわけない。

あげくの果てに、学習塾にも入れられた。

「来年は中三だ。高校受験もあるんだから、遊んでばかりいられないだろう」

「高校なんて行かなくていいし」

「何を言ってるんだ。まず勉強して成績を上げろ」

急にがんじがらめ。しかも他人に！

お母さんは佐々木さんに対して何も言わない、いや言えないようだった。

私がこんなに嫌がっているのだから、「もう少し自由にさせてあげてもいいんじゃない」と母親として一言言ってくれればいいのに、佐々木さんの言うがままになっていた。

さらに佐々木さんは、

「トイレの蓋を閉めないとダメ」

「豆電球付けっぱなしはダメ」

「コンポの電源は切らないとダメ」

と細かいことにいちいちうるさかった。特に、電気に関してうるさく、「ダメ」と書いたお札をキョンシーのように部屋中に貼られた。

横浜にいたときは何をするにも自由。自分がしたいことができて、自分がしたいように生活できたのに、佐々木さんが現れたことによって一切の自由がなくなった。絶望しかない。

「あいつ、早く死ね」

「殺してやりたい」

佐々木さんへの憎悪の念が日々積もっていった。

佐々木さんは、以前は超大手電子機器メーカーに勤めるサラリーマンで、月給七十万円はあったという。ところが、私のお母さんとの再婚と同時に会社を辞め、自分で会社を設立。再婚当時はそこそこよかったのかもしれないが、のちに倒産。自己破産して千葉の家も売ることになる。

私からみたら当然の結果だ。彼の人間性がそうさせたのだと思う。傲慢でコミュニケーション能力がなさすぎ。

世の中には雇われて成果を出す人と、自分で上に立ってだめになる人がいると思う。佐々木さんは後者。大手にいたころはデキる人だったのだろう。その勢いに乗っかって自分が事業を始めたら、案の定失敗。不思議はない。そういう人なのだ。

親のセックスを目撃

ある夜のこと、両親の寝室からカセットデッキを借りようと思ってドアを開けた。

佐々木さんがいた。一瞬、何をしているのかよくわからなかった。

佐々木さんは、十四インチという小さなテレビで、めちゃくちゃ至近距離で桜樹ルイのAVを見ていた。

うわっ、怖い、気持ち悪いっ！

すぐさまドアをバタンと閉めた。

私はまだ中学二年なったばかり、十四歳。門限だなんだと偉そうに指示ばかりの男が、テレビにかじりつくようにして桜樹ルイを凝視しているなんて……、さらにいっそうの嫌悪感が湧き上がってきた。

気持ち悪い、気持ち悪い、早く死んで！

また別の夜。自室で寝ていた私は、尿意を催して目が覚めた。

「ああ〜っ」

お母さんの声が、隣の両親の寝室から聞こえた。絞り出すようなうめき声。

「具合が悪いのかな、大丈夫かな」

部屋を出て、隣室に入ろうとして手を止めた。

「ああ〜ああ〜」

「うーーーッ」

これ、もしかして喘ぎ声？　セックスしてるの？

ものすごくおしっこがしたくなってきたが、トイレは寝室の目の前。トイレのドアをガチャっと開けたら確実に両親にも聞こえてしまう。

「うう、ううん……」

お母さんは大きく喘いでいた。どうしよう。おしっこが漏れそう。

私は自分の部屋でハムスターを飼っていて、ケージの中にハムスターのトイレがあることに気付いた。

仕方がないのでその小さな小さなトイレを出して、そこにおしっこをジャーッとした。

当然、すぐにいっぱいになってしまう。

まんこに力を入れてキュッと止め、二階の窓からおしっこを捨て、またジャーッ。何回かに分けておしっこをした。

たいへんだった。ハムスターのトイレにまたがっておしっこをしている自分が情けなく、「なんで親にこんな気を使わなきゃいけないんだ」とバカバカしくなった。

「親」というカテゴリに入れて見ていたお母さんが、改めて「女」なんだと気付いたことにもショックだった。

あいつ、本当にぶっ殺してやる。

自由に憧れて、自由になりたくて、自由が他人によって縛られることにまったく納得いかなかった。

頭の中で佐々木さんを殺すシミュレーションするくらいにムカついてきた。

さらに別の夜、何かのときに両親の寝室を開けたら、まさに最中だったこともあった。正常位で、佐々木さんの下に裸のお母さんがいた。下半身は布団に隠れていた。

「キャッ」

お母さんがとっさにブラジャーでおっぱいを隠した。

再婚したてだから毎晩のようにセックスしたかったのだろう。お盛んだった。

学校から帰ってきて、何気なく寝室の三面鏡を見ていたら、台の上にピンク色のバイブが置いてあったこともあった。

子どもの目に触れないように、といった気遣いがないところが、お母さんと佐々木さんらしい。

バイブを見たのは、そのときが初めて。使用後でカピカピになっていたが、私も興味があったので、一応洗って自分で入れてみた。

こんな中学二年生。振り返ってみて、本当にこの時期がいちばん辛かった。

このころ、川崎のお父さんに行きつけの焼き鳥屋さんに連れていってもらったことがある。そこで、店主にぎゅっと抱きしめられた。

「がんばれよ」

人に抱き締められたのは、それが人生で初めて。今でも忘れない。

再婚相手ばかり見ているお母さん。私を縛り付ける佐々木さん。その寂しさや怒りを紛らわすように、男に、セックスに、そしてお金に依存し始めた。

援助交際でお金を貯めまくる

お母さんとのけんかは日常茶飯事。口論だけでなく、つかみ合いになることもあった。もともと小さなころから手料理を食べたこともないし、甘えさせてもらったこともない。仕事が忙しかったという事情はわかるが、それにしても態度が冷たいように感じた。おさな心にも、子どもに関心がないことがわかった。

再婚してからは、お母さんはもっと冷たくなった。まるで私のことが邪魔のように見えた。実際、再婚相手にちっともなつかない娘に苛立っていたのだろう。私は私で、そんなお母さんの態度に苛立った。横浜にいたときから多少グレ気味だったけれども、再婚がきっかけでよりいっそうグレて反抗するようになった。

佐々木さんの家は玄関に鍵とチェーンが掛かっていたため、玄関から出たらバレてしまうので、両親が寝静まってから二階の物置部屋のベランダから脱出し、夜な夜な遊びに行っていた。そして、親が起きる前にまた二階によじ登って部屋に入って寝る毎日。よく落ちてケガをしなかったと思う。

佐々木さんが本気で嫌で、家庭裁判所で話し合ったこともあった。

十四歳のとき、無免許とノーヘルで原付きを運転して捕まって、家庭裁判所行ったこともあった。車も無免許で運転していたが、それは親にしか見つからなかった。お母さんにも佐々木さんにもこっぴどく叱られた。

中学一年の時に親に施設に入れられそうになって、校舎のガラスを蹴ったら足に十五センチ、深さ三センチの切り傷。一ヶ月入院した。

私は、愛に飢えていた。自由という大人に憧れていた。

あの時、セックスとカネへの欲望が押さえきれなくなったのは、ひとつは寂しさを紛らわすため。

もうひとつは、ギャルになることで自信が持つことができたというのもある。だから、完璧なギャルになりたかった。なりたい自分になることに必死だったからお金にのめり込んでいった。

新作のアルバローザを着ていないとダサいと思ったし、周りのギャルより肌が黒くないと負けたと思うし、ハワイアンジュエリーもたくさん身につけて完璧にしたかった。なりたい自分になることに一生懸命な性格は、今でも変わっていない。

自分に夢と希望を与えることで、他人にも同じようなことを伝えられる。私の流儀。

九十年代後半、時代は援助交際の全盛期。十代のふつうの女の子たちが、携帯電話を駆使して「援助」してくれる男性を探し、体を売っていた。ちょっとしたアルバイト感覚だった。

私も何のためらいもなくその世界に飛び込んでいった。

初めておじさんとエッチしてお金をもらったのは、まだ横浜いた十三歳のときのことだ。

女の子たちの間でテレクラが流行っていて、お遊びのつもりでドキドキしながら友達と電話した。

「◯◯ちゃんがしゃべってよ」

「やだよ、そういうのは、あんたのほうが得意じゃん」

と受話器が回され私が出るハメに。

最初は冷やかしで電話だけするつもりだったが、なりゆきで本当に会うことになった。

恐怖心はなく好奇心しかなかった。

初めての援交相手は、五十代のおじさん。とてもやさしくしてくれて、おじさんの車のなかでセックスをした。十三歳にとってはかなりのお金をもらった記憶がある。

知らないおじさんとセックスすることに抵抗はまったくなかった。むしろいつもよりも興奮して濡れまくり、感じまくっていた。

なぜだろう。初めての体験だったからかな。そのおじさんがやさしい人だったからかな。車のなかというシチュエーションがよかったのかな。

今までにない体験ができて、さらにお金をもらえて、援交はいいことしかないなと思った。でも、横浜での援交はそれきり。


本格的に援交をするようになったのは、その後、千葉に引っ越して十四歳になってからのこと。今度は好奇心というよりも、明確に、お金のため。

当時、私はいわゆるガングロギャル。同世代の女の子たちと仲間になって、日焼けサロン行ってナンパ待ちをして居酒屋やゲーセンで遊んでた。

こうして、ギャルとして遊ぶためには想像以上にお金がかかる。

マルキュー（渋谷１０９）の人気ブランド「アルバローザ」の服を買う。新作が出たらすぐに手に入れたい。ブランドバッグもほしい。

小麦色の肌を維持するために、毎日日焼けサロンに通ってもいた。学校抜け出して日サロ。バレて先生にゲンコツくらった。

クラブで遊ぶためのお金や飲食代はナンパしてきた男が払うことが多かったけれど、ナンパされるためにはギャルとして着飾るお金が必要だ。いくらあっても足りないくらい。お金がほしい、お金がほしい。でも、十四歳を雇ってくれるアルバイト先なんてない。

それなら自分を売るしかない。ごくシンプルな考えだ。

相手は出会い系サイトでいくらでも見つけられた。

毎日、夕方になると仕事をするような感覚で相手を探した。待ち合わせ場所を決めて、会って、セックスする。一日三人の相手をすることもあった。

人数は……いちいち覚えていられないほどやりまくった。そんなふうだから、当時お金に困ることは一切なかった。合計で高級車が買えるくらい稼いだと思う。

「こんな簡単にお金が稼げるなんて、ちょろいね」

貯めたお金で日焼けサロン、アルバローザ、ハワイアンジュエリー、ジャイロのバッグ……ほしいものは全部買ってギャルを心底楽しんで遊んで暮らしていた。遊び仲間の女の子たちも同じようだったと思う。

とはいえ、これだけたくさんの相手をすると、怖い思いをしたことも何度かあった。チンピラ風の男にはやられたあげく、「勝手に商売してんじゃねーよ」とスゴまれて風俗店に売り飛ばされそうになった。

「ごめんなさい、私、まだ十四歳なんです」と、素っ裸のまま大泣きして土下座して解放。当然、お金は取れない。

別の男は、やったあと「あのパチンコ屋の中にあるATMでお金をおろしてくるから、ここでちょっと待ってて」とパチンコ店に入っていった。

私は入口で待っていたのだけど、なかなか出てこない。

もしや……と思って入ってみたら、奥にもうひとつ出入り口があった。男はそこから逃げたのだ。やり逃げだ。

車の中でやったあと、「あの自販機でジュースを買ってきて」と小銭を渡されて外に出たら、そのままバシャンとドアを閉められて発車。逃げられた。

ホテルで浣腸を四本入れられるという危険な目にもあったこともある。その男も結局やり逃げされた。

ヤクザ二人にレイプされたこともあった。怖くて泣きながらやられた。

私の友達は、援交ではないけどナンパされた男に車の中でセックスしたあと山奥に捨てられたと言っていた。

いろいろあった。素性のよくわからない男と何十人、何百人と接触していればそんな話は珍しいことではない。

そんな目に遭っても気にしない。

「ちょっと、こんなヒドい目に遭ったよー」

「あー、ムカつく。これからは絶対前金でもらうわ。後払いは断固拒否」

「そうだね、そうしなよ。私もそうする」

仲間内でそんなネタとして笑って話して終わり。後悔も反省もない。

年齢を偽ってイメクラでも働いたこともあったが、性病に罹ってすぐクビになってしまった。

そんなちょっとしたトラブルなんてまったく気にならなかった。金、男……自分の欲を満たすためにやったこと。

「少女たちが男たちの犠牲になっている」なんて世間は思っていたかもしれないけれど、当人たちはそんなこと微塵も思っちゃいない。

百五十万円盗難事件

彼氏は途切れたことがなかったが、女友達はそんなに多くはないほうだった。

小学六年生のとき、一緒に遊ぶ女の子たちが何人かいたが、ものすごいタテ社会で派閥もあった。

仕切っていたのは、けんかが強い女の先輩。ちょっとでも自分より髪の毛が茶色かったり目立ったりしている女の子のことを容赦なく殴り、蹴り、ハブにした。

その先輩が、「ウメッシュ、買ってこい」と言えば、すぐさまコンビニに走らなければならない。

「妊娠したからカンパしろよ。堕ろすカネ集めるんだよ」

と言えば、五百円、千円と、小学生にとっては大きなお金を問答無用で出さなければならない。本当は妊娠なんかしてないのに。ただ先輩が遊ぶためのカネだ。

先輩にお金を盗まれたこともある。

ある日、先輩が私の部屋に遊びに来て言った。

「友達がこっち来るって言うからさ、あそこの角まで迎えに行って来いよ」

逆らえずに先輩を部屋に一人残し出ていったら、そのわずかな時間に部屋を漁られて、勉強机の引き出しに入れていたお年玉などの貯金三万円を盗られた。

その晩、なくなったことに気づきお母さんに相談。親同士の話し合いによって三万円は無事取り戻すことができた。

まあ、このように先輩の横暴、いじめは日常茶飯事。

中学に入り千葉に引っ越してからは、もっとひどいことがあった。

「私、お金貯めて、インパラ買うわ」

「インパラ」は、三百万円ほどするヴィンテージのアメ車。この車に憧れて十八歳で運転免許を取ったらすぐに買おうと、コツコツ貯金をすることにした。

とうとう百五十万円くらいまで貯まった。

だが、まだ十四歳。銀行口座は作れないし、親に現金を預けるわけにもいかない。もし預けたら、

「どうやってこんな大金を稼いだの」

と問い詰められるだろう。「こんな大金、中学生に必要ない。しばらく預かる」と横取りにされるかも。

そんな不安もあり、そのまま現金で持っていた。けろけろけろっぴの袋に入れて。

ある日、そのお金が袋ごと消えていた。

犯人はいまだにわからない。

私が横浜の友達のところに遊びに行き、千葉に戻ってくるとなくなっていた。ショックのあまり頭が真っ白になった。

誰が盗んだのか……。その日、私が横浜に行くことを知っている人物だ。

親。仲間。当時つきあっていた彼氏（ＤＶ男）。もしくは、本当の空き巣。

仲間の一人に、いきなりものすごく羽振りがよくなった子がいた。ヴィトンなどを買いまくって自慢げに持っていた。

「もしかしたら彼女が……」と一瞬疑ったけれども、その子自身もかなり稼いでいたし、勝手に私の家に入って盗むというのは考えにくかった。

彼氏の可能性は高い。彼は私が浮気しているのではないかと疑っており、逆ギレして部屋に入ってきそうな男ではあった。

ただの空き巣の可能性も捨てきれない。一軒家だし、昼間はお母さんも佐々木さんも不在にしているので侵入する隙は多い。だが、空き巣がギャルの部屋に置いてあるけろけろけろっぴの袋なんか盗るだろうか。けろけろけろっぴの中に百五十万円も入っているなんて、ふつう思う？

親の可能性もないとは言えない。一体誰なのか……。

誰にも相談できず、ただぐるぐると誰が犯人か考えていたら、どんどん人を信用できない人間になっていきそうで怖かった。

「盗られたものは仕方がない」

しばらくは相当落ち込んだけれど、基本的に私は楽観的で明るく前向きな性格。これは生まれ持ったもの。この性格で本当によかったと思う。

悩みや辛いことも多かったけど、悩んでいるよりももっと楽しみたいという気持ちのほうが強かった。

貯金をすべて盗まれてスッカラカンになり、インパラの夢もあきらめた。

そうこうするうちに十六歳になったので、「十八」と嘘をついて、スナックで働きはじめた。時給千八百円。遅い時間になると、ママが家まで送迎してくれる親切なところだった。

高校は一ヶ月間だけ通った。名前を書いたら入れるような高校があるのだ。

白髪でガングロで頭にでっかい花をつけて登校したら、先生に怒られた。

「なんだ、その格好は。やる気あるのか。ないなら帰れ」

「じゃ、帰ります」

そのまま二度と学校には行かなかった。

勉強する気なんてない。成績なんていつも一か二ばかり。

小学六年生のときにすでに「私は高校や大学に行く人間じゃない。違う分野で生きていくんだ」と確信した。そういう悟りはなぜか早かった。

DV男に殺されかける

たくさんの人とお付き合いしてきたけど、私に声をかけて寄ってくる男たちは揃いも揃ってろくでもないやつばかりだった。

チンピラっぽい人しか声をかけてこなかったし、私もそういう悪そうな年上の男が刺激があって好きだった。

当然、学校の男子なんか幼く見えて恋愛感情なんか持ったことはない。そもそも中学にも高校にもあまり行かなかったから、向こうから声をかけてくることもなかった。女子さえ私を遠ざけているのがわかった。学校に居場所なんてない。

お母さんは佐々木さんのほうばかり見ているし、佐々木さんは「門限を守れ」「無断外泊するな」「服装が派手」と細かいことでしょっちゅう胸ぐらを掴んでは怒鳴り、その態度は変わることはなかった。家のなかにも居場所はない。

心の逃げ場となって自分を開放できるのは、街で声をかけてくる男たちだけ。

そこには、私が求めていた愛、のようなものがあった。だからどんどん男に依存するようになった。

十四歳のときに半年間付き合った二十八歳の男は、リーゼントに和彫り。仕事は建築関係の大人の男、雅浩。

毎日、体を求められやるだけやられた。毎回中出し。

一週間いっしょに家出もした。雅浩の車にありったけの物を詰めた。「お前、詰めすぎだ」と怒られたけど、二度と家には戻りたくなかったから、家から何往復もして詰め込んだ。

最初はラブホで寝泊まり、お金が尽きたら車の中で寝泊まり。排泄は山の草むらでした。

雅浩に限界がきたのか、「川崎のお父さんのところに行け」と送られた。お父さんは雅浩に「ありがとう」と一万円をあげていた。

その後、佐々木さんが捜索願いを出したため、お父さんがお母さんに電話をして、佐々木さんが迎えにきた。最悪だった。

帰りたくなかったのに。子供には自由がない。金もない。

雅浩は半年ほどで付き合ったところでしばらく突然連絡が取れなくなってしまった。毎日、大雨の日も彼の家を訪問した。涙流しながら毎日会いに行ったが会えず、やっと会えた時、

「他に女ができた」

と言われた。相手は女の先輩の友達という。「もうはらませた」とも言っていて、こてんぱんに振られ、目の前が真っ白になった。足にしがみついて、

「嫌だー、嫌だー」

と泣きじゃくったが突き放され辛かった。

見た目はギャルで派手で大人っぽいほうだと自分では思っていたけど、一回り以上年上から見たらやっぱりガキだったのかもしれない。それにしても、あれだけ中出ししておいてひどい話だ。学校を風邪引いたと言って一日休んだ。

そのあと二年間付き合った人はDV男、雄一（仮名）。暴走族のとび職で、当時、二十歳くらいだったと思う。彼のことはもう忘れたくて今では記憶があいまいだ。

でも、最初の一年ほどはすごくやさしくていい人だった。

雄一にもセックスを叩き込まれた。雄一を含めて、十四歳から三六五日毎日セックス。しない日はなかった。

雄一はバイクの後ろに私を乗せてくれて、いつも一緒に集会に行ったり、「グラチャン」と呼ばれている富士山を目指して走る集まりに連れて行ってくれた。

もともと「グラチャン」は、富士スピードウェイで開催されるスポーツカーレースのこと。このレースの開催日に合わせて、会場の周りに全国各地の暴走族が集まることが恒例となっていた。モータースポーツファンが集まるグラチャンで、自分たちの改造車を見せつけることが目的だ。

シャコタンを走らせる雄一はカッコよかった。

雄一の前にインパラに乗っていたゆうごと一年間付き合っていたのだが、雄一と大ゲンカになり、雄一のおでこが鉄パイプで割れたこともあった。

ゆうごの後にチンピラと一ヶ月間だけ付き合って別れたが、その後、雄一と一緒にいるところを見られて、なぜか雄一が拉致られて顎の骨を折って入院したこともあった。そのときにナースと浮気された。お互いSとSが付き合うと、最初はよくてもその後修羅場になることが多いように思う。

雄一は、売られたケンカは買うが弱かった。

当時の私は、暴走族やローライダーが大好き。ソワソワするようなこと、目立つものも大好きだった。だから、雄一がとてもかっこよく見えた。

私たちは車のなかで何度もセックスをした。

GS、バブ、CBX、三台を持っていて塗装して乗っていた。


暴力を振るわれるようになったのは、一年を過ぎてからのこと。ちょっとしたことでたびたびけんかになった。

居酒屋で一緒に飲んでいるときに口論になって、ボコボコにされたこともあった。

「てめえ、この間電話したとき、なんで出なかったんだよ！」

「〇〇ちゃんと遊んでたから……」

「嘘だろ、浮気してたんだろ？」

「そんなわけないじゃん」

「ふざけんな！　そこ正座して反省しろ」

「え、なんで？　浮気なんかしてないし」

遊びに行くときはいつも彼の実家だったのだが、彼の部屋に何十時間も拉致監禁され、正座させられた。

「てめえ、動いたら殴るかんな」

雄一は片手に竹刀。本当にちょっとでも動いたら腕や脚を思い切り叩かれた。

二階にある彼の部屋から突き落とされそうになったこともある。

「てめえ、ふざけんじゃねーよ」

「ちょっと、本当に死んじゃうよ、助けて、ぎゃぁぁぁぁあ」

実家なのだから彼のお父さんは私が暴力を受けていると気づいていたはずだ。だが、ドアの向こうから「おい、あんまりうるさくするなよ」と注意するだけ。助けようとしてくれなかった。

車に乗っているときに「千円貸せ」と言われて断ったら、半分落とされ、私の髪の毛をつかんだまま何メートルか引きずられたこともあった。

引っ張られた部分の毛根は損傷し、二十円ハゲに。いつまで経っても新しい毛が生えてこなかった。

働いていたスナックにまで殴り込みに来たこともあった。店で暴れて大騒ぎになり、ママやお客さんにたいへんな迷惑をかけてしまった。

すぐに別れられればよかったのだが、「別れたい」なんて言ったら絶対にめちゃくちゃに殴られる。冗談じゃなく殺されるかもしれない。

それに、私も私で彼に依存していたところがあった。そんな彼でも、一人ぼっちになるよりは「一緒にいてほしい」という気持ちのほうが強かったのだ。

よく聞く話だけど、ＤＶの加害者は自分が暴力を振るったあとに必ず優しくなる。雄一も同じだった。

「大丈夫か、さっきはごめんな。痛かっただろう？　もうあんなことしない。ほんとごめん。好きだよ」

とやさしく抱きしめてセックスしてくれる。

もちろん、それで雄一が心を改めてくれたなんて思っちゃいない。心のなかでは、

「さんざん殴っておいて、今さら何言ってんだ、お前。またどうせ殴るんだろう」

と思っていたけれど、しかし、なぜか離れられないのだ。

浮気もひどかった。もっともそれに関しては私も同罪だ。当時は七股ほどしていた。

できれば雄一と別れたかった。でも自分から離れる勇気はないから、他の男に救い出し

てほしかったんだと思う。

雄一はだんだんストーカーになり、別れ話をするとボコボコにされた。その翌日も家の前に張られてて捕まった。そして、車に乗せられ足で顔を何度も蹴られ、すごく痛くて泣いても逃げ出せない。「付き合う」と言うまで逃げられない。

怖いし辛いし。今思うとこんな思いはしたくない。


当時、ギャルの間では手帳にプリクラを貼ったり、「××と中出し」と細かくメモするのが流行っていて、私も逐一メモしては「これを雄一に見られたら殺されるだろうな」なんて思っていた。

そんなある日、雄一がいきなり私の部屋に乗り込んできた。鍵が開いていたのか合鍵を持っていたのか記憶にないのだが、家に私がひとりでいるときにいきなり来た。

「お前、手帳をどこにやった」

手帳にあれこれと書いてあるということを誰かから聞きつけたのだろう。

「殺される」

とっさに思った。手帳を見られたら、確実に殺される。

「有り金持って外に出ろ。お前を拉致る！　俺が渡したバタフライナイフもよこせ」

バタフライナイフは痴漢撃退用に借りていたものだ。雄一は明らかに逆上している。

私は荷物を持たずに裸足のまま家を飛び出して逃げた。振り返ると、雄一が「てめえ」と追いかけてくるのが見える。

近くに止まっていたダンプカーのおじさんに「助けてください、殺されそうなんです」と叫びながら飛び乗り、ひとまずは発車して雄一を巻いた。

遠くの見知らぬ民家に電話を借り、「殺されそうなんです」と一一〇番通報。

電話の向こうの警察官の男は、いかにもめんどくさそうにこう言い放った。

「いいかげんにしなさい。痴話げんかでしょう？　そういうのは、たいてい女が悪い」

警察は、私が殺されるまで動かない。地獄に落とされたような気分だった。当時はまだストーカー問題が今ほど深刻に扱われておらず、男女の問題として軽く見られていた。

自分の身は自分で守らないとだめだ。逃げるしかない……！

逃げる場所として頭に浮かんだのは、川崎に住むお父さんだった。

すぐに連絡すると、

「そりゃたいへんだ。すぐこっちに来なさい」

と快く応じてくれた。お父さんはやさしい人だ。

雄一とは最終的に付き合わないと殺されると危機感があったので、

「付き合うから二週間待って」

と言ってその間に荷造り。ＰＨＳを新しく持ち、千葉から飛んだ。

私が川崎に行ったあと、千葉の家の玄関の前には雄一の吸い殻が数十本落ちてたとお母さんが言っていた。ずっと私を待っていたのだろう。ゾッとした。

今、ストーカーやＤＶに悩んでいる女性がいたら、心から思う。

今すぐ、荷物まとめて飛んで。ずっとそこにいてはだめ。自分の命を守るために、すぐに引っ越すべき。

私もあのとき逃げ出していなければ、今ここに存在していなかったかもしれない。家を出る決断ができて本当によかった。


そのときは恐怖で震えるほどだったけれど、後から考えてみれば、この騒動のおかげで結果的に殺してやりたいほど憎い継父と、そいつが建てた千葉の家から出ることができた。この騒動がなければ、そんな決断はできなかっただろう。

そういう意味では、今の私がいるのは雄一のおかげ……かも。
何がどうつながるかわからない。人生は不思議なものだ。

第二章

ＡＶ女優・里美ゆりあ誕生

エロ本に出て後ろ指を差される

ＤＶ男から逃れるため、私はお父さんのもとへ向かった。

川崎に引っ越した時の夜、公衆電話から雄一に電話した。

「今すぐ戻ってこい。もう殴ったりしない。本当だから、戻ってこい」

「ごめんね、もう戻れない。さようなら」

これが最後だった。

雄一は唯一、私のお母さんに「あんたが子どもにやってることはオカシイ」と怒ってくれた人。あの時は、雄一の愛を心から感じた瞬間だった。

でも、もう私は前へ進むんだ。

お父さんは私が三歳のときにお母さんと離婚。原因はお父さんの度重なる浮気、借金、ギャンブルだとお母さんから聞かされた。私が三歳まで暮らしていた横浜の一軒家も、お父さんのギャンブルと借金のために売ってしまったという。

小学生のとき、お姉ちゃんに連れられてお父さんと再会した。その後もたびたび連絡をとっては、お姉ちゃんと一緒に会い食事をするなどしていた。

お父さんは離婚後、離婚の原因をつくった愛人の家でずっと暮らしていた。

パッと見は全然かっこよくない。ごくふつうのおじさん。新橋で働く平凡なサラリーマンで、収入は佐々木さんと比べたらまったくよくなかったと思う。

だが、知識が豊富で会話がおもしろくてやさしい。昭和の女性が喜ぶ感じの人。だからずいぶんモテたらしい。

私が十四歳のときには、焼き鳥屋さんに連れて行ってくれてお酒を飲ませてくれた。たばこを吸っても何も注意しなかった。本当にいい人。

飲む、打つ、買うが大好きで、いつも競馬新聞を片手に持っていた。

自分で稼いだ金はギャンブルにつぎこみ、生活は愛人に養ってもらっていたようだ。ようするにヒモのような生活。

当然、愛人と暮らす家に私が転がり込むわけにはいかない。

「心配するな。おばあちゃんのアパートで暮らすといい」

父方のお祖母ちゃんは三姉妹で、いちばん下の妹、すなわち私にとっての叔母さんは川崎にアパートを所有していた。

旦那さんが戦死して補償金をもらった上、もともと商売していたところが立ち退きになったために立ち退き料も入り、そのお金でアパートを建てたのだという。

お祖母ちゃんと叔母さんは、そのアパートの一部屋に大家として二人で住んでいた。

「アパートを所有」というと悠々自適の生活のように聞こえるかもしれないが、木造、砂壁のオンボロアパートである。そこまでいい家賃は取れないし、建てたローンも返済しなければならない。

とりあえず住むところには困らないけれども、決して裕福な暮らしではない。

私も家賃として三万円を支払い、お父さんも一部払ってくれて、お祖母ちゃん、叔母さんの部屋に住まわせてもらうことになった。

ただし、条件があった。

「スナックで働かないで」

早寝早起きの高齢者にとって夜出勤の仕事は迷惑だし、近所の人目も気になる。夜の仕事を続けるつもりなら、一緒に暮らせないので出ていってほしいと言う。

まだ十六歳。お金もなく、一人では他に家も借りれない。千葉には絶対に戻れない。

仕方なく昼間働く約束をし、横浜のビブレに入っているアパレルショップの販売の職を得た。

おしゃれが大好きだったから洋服の販売は憧れでもあった。新しいファッションに触れながら接客するのは楽しい。

だが、給料は手取り十五万円程度。現実の厳しさを知った。

家賃三万円をお祖母ちゃんに支払い、携帯代などを引いたら十万円くらいしか残らない。これが私のひと月のお小遣い。

何も買わずにおとなしく過ごしていれば、どうにかなったのかもしれない。しかし、少し前までふつうのＯＬ以上に稼いでいた生活である。

あのころの感覚が抜けきれない。好きな洋服が買いたい。夜遊びがしたい。その欲望を抑えることができなかった。

本当にキツかった。

同僚とランチに行くお金なんてない。昼食はおばあちゃんがおにぎりをにぎって持たせてくれた。

ありがたいのだけれど、米に「米虫」という蛆虫のような虫がわいていて、米をといでも取り切れていなかったのか、おにぎりのなかにたくさん混ざっていた。それでもお金がないから食べるしかない。

食べる場所は、ダイエーのベンチ。いつも一人ぼっちで休憩時間を過ごした。

飲み物も、ペットボトルの水をちびちび口に含み、三日間持たせたりしていた。

遊び友達からメールが入る。

「金曜日、クラブに行かない？」

遊びに行きたい、でも電車賃も出ない。みんな夜の仕事などで相変わらず羽振りがいい。

給料日前になると、本当にスッカラカン。だから、ヒッチハイクして行ったこともあった。あまりにつらくて同僚と口裏を合わせてレジのお金をごまかし、盗んだこともあった。

おばあちゃんからお金を借りても、給料日に返済したらすぐなくなってしまう。お金がないことは、こんなにも息が詰まる思いなのかと思い知らされた。

つらい、もう耐えられない、ストレスマックス！

街でスカウトを受けたのはそんなときだ。

「ねえねえ、キミ、雑誌のモデルをやってみない？」

「雑誌？　どんな雑誌？」

「大人向けの雑誌だよ」

「『大人向け』って、エロ本ってこと？」

「うん、まあそんなところ」

「いや、それはちょっと……」

「おじさん向けで、ちょっと出るだけだから誰にもバレないよ。ＡＶじゃないからエッチもない。写真を撮るだけ。すぐ終わる簡単な仕事だよ」

「いくら？」

「四万円でどう？」

四万円でエッチもない!?　めっちゃ割がいいじゃん！

「誰にもバレない」という言葉を信じて、すぐにＯＫした。

撮影はスタジオで数時間。服を着たましゃがんだりチラ見せしたり脱いだり、適当にポーズをとって、本当に撮るだけで終わった。セックスを強要されることもなく、その場で現金がもらえてラクな仕事だった。

ところが、それがその後、たいへんなことになってしまった。

スカウトの人は「おじさん向け」と言っていたのに、蓋を開けてみたら、超有名エロギャル雑誌。素人モデルばかりが出ている、若い男の子もめちゃめちゃ見る大人気エロ本だったのだ！

しかも、小さくちょこっと載るだけだと思っていたら、巻頭五〜六ページに渡って大きく掲載されてしまった。

当時付き合っていたアルコール依存症のそうくんにも速攻でバレてしまった。

そうくんは、十七歳から二十歳までと長く付き合って、初めて同棲をした人。そうくんの後輩がエロ本を発見し、「そうくんの彼女じゃない？」と言ったためにバレた。

彼は怒らなかった。「出るならちゃんと言えよ」と優しく叱ってくれた。気持ちを分かってくれたんだと安心した。

さらに、勤めていた洋服屋さんの店長にも知られてしまい、「とてもじゃないけど、うちで働かせることはできない」とクビに。四万円に目がくらんだ結果、無職になってしまった。

千葉に置いてきたDV男の雄一にもバレた。雄一は「みんなに見られたら恥ずかしい」と、地元の本屋に置いてある分を全部買い占めたと風の噂で聞いた。

当然、地元の友達全員にバレて「地元の恥さらし」とまで言われた。そのとき初めて「後ろ指を差される」ということがどういうことかを知った。

「この前、アレに出てた子だ」

いつもの遊び場でヒソヒソ声が聞こえた。文字通り後ろ指を差された。道を歩くだけで恥ずかしい。

たいへんなことにはなったけれど、心のなかでどこかスッキリした気分だった。洋服屋をクビになって、なんだか本来の自分を取り戻せたような気がした。

「ああ、空気がおいしい。今日から私は自由だーっ」

大きく深呼吸した。あの時の青空と雲は今でも忘れられない。

せこせこ働いて、自分の好きなことができずにひたすら我慢し続ける毎日よ、さようなら。これが何年も続くなんて私には考えられない。誰のための人生なのかわからなくなってしまう。

これからは、自分のために生きよう。

まだ十七歳。エネルギーに満ち溢れクラブでパラパラを踊りまくった。パラパラを覚えるのに必死で、大学生の家に行って教えてもらいに行ったりもした。教えてくれる代わりにエッチをせがまれたり。セックスでたいていの困ったことは解決できた。

まわりにいるのは、ギャル男やチーマー、チンピラばかり。パラパラを踊る男子を「パラ男」と呼んで、好んで付き合った。

そんなとき、当時テレビでも紹介されていた新宿の有名なおさわりパブにスカウトされた。

「よし、これからは自分の好きなことをして、がんばって働こう」

おさわりパブは、お客さんにおっぱいやお尻を触らせたり、またがって腰を振ったりキスしたりして喜ばせることが仕事。一時間に一回ほどショータイムのようなものがあり、みんなの前で服を脱ぐこともあった。仕事内容に抵抗は一切なかった。

働き始めたら、自分でも笑っちゃうくらい稼げる、稼げる。あっという間に店のナンバーワンに。月百万円は稼ぐことができた。

これだ、これが私だ！

ナンバーワンになれたのは、ハングリー精神しかない。他の子とはやる気が違ったし、自分もこの仕事を楽しんでできた。本当に毎日が楽しくてたまらなかった。私に向いてたのだと思う。

おさわりパブでずいぶんと稼いだので、洋服屋勤務のときにじっと我慢していた分、思いっきり自分磨きに励んだ。

エステに行って全身脱毛。高い美白化粧品を使い、ガングロギャルは卒業。シャネルのバッグやロレックスの時計、ビッキーの服を買って、大人っぽいコンサバ路線で着飾るように。

おばあちゃんとの約束は、なし崩し状態。アパートから夕方出勤して、仕事して、おばあちゃんの介護のために深夜に帰る毎日になった。

スカウトされてＡＶデビュー

「タレントとか興味ない？」

昼の表参道でスカウトされた。よく話を聞いたら、ＡＶだった。

「いや、ＡＶは出ません」と断ったが、「名刺だけ」と言うのでもらって帰った。

家でふと考えた。

ＡＶに出たらきっと稼げる。今、おさわりパブで月百万円稼いでいる。ＡＶのギャラはきっと百万円くらいもらえるだろうから、合わせたら月二百万円近くいくんじゃないか。ざっくり計算して今の倍になる！

私にとってＡＶデビューは、ごく自然な流れに身を任せた結果だった。

今は「自分を変えたくて……」と夢を持って業界に入る子も多いけれど、私にとっては「自分らしくお金を稼ぐにはこれしかない」と思ったのだ。

エロ本騒動で友達や彼氏にバレたときは落ち込んだが、逆にそこで後ろ指を差されまくったので、もう「他人がどう思おうと関係ないね」という心境になっていた。

とにかく稼ぎたい。知らない人とのセックスは慣れている。それで稼いで何が悪い？

こうしてＡＶ女優、小泉彩としてデビューすることになり、さっそく五本契約が決まった。

多少自信を持って撮影現場に向かったが、すぐさま鼻をへし折られてしまった。

おさわりパブではナンバーワンになってチヤホヤされてきた私。ところが、ＡＶで丸裸な状態になると急に恐怖感が襲ってきた。

「あの子、全然喘ぎ声が出てないじゃん」

「全身いじらないと、単体じゃ無理じゃない？」

スタッフの呆れる声が耳に入る。

今までシャネルだなんだと着飾って、髪を巻いて、それでやっと自分だったことに気付いた。戦闘服があっての自信だった。

「マスカラは、やっぱりランコムじゃなきゃダメだよね」

そんなことを言っていた自分が恥ずかしくなった。それって何の意味があるんだろう。

ＡＶの撮影では、メイクさんに自分のこだわりなどは関係なくメイクされて、裸になってカメラの前でセックスする。

新宿の店の中での成功なんて、ＡＶ業界では何も通用しない。自分の小ささを知り悔しく思った。

こんなんじゃダメだ。お金のことは関係なしに、ＡＶでがんばって見返してやりたい。こんな悔しい思いのまま逃げることなんてできない。

どん底の気分のある日、当時飼っていたジャックラッセルテリアのマーティーを多摩川まで散歩しに行くと、マーティーが川べりまで行ってしまった。

「マーティー、マーティー」

と探していると、ホームレスのおじさんが来てマーティーをいい子いい子してくれた。

そこから会話が始まり、おじさんの家を見せてもらうことに。

元々大工さんだったらしく、ブルーシートの家なのにじゅうたんが敷いてあって、なかなかいい家だった。

焼酎を一緒に飲んでお礼に千円を渡した。

「多摩川からはもうすぐ出なきゃいけない」

とおじさんは言った。大変なんだなと思ったしおじさんと会えないと思うと寂しかった。

夜空を見上げると、河原の空はとても広かった。星が一面に輝いている。

「北海道から九州まで、私の存在をみんなにわかってほしい。私はここにいる、私はここにいるんだ！　絶対に有名になってやる。地元のみんなに後ろ指差されられないくらいまでやってやる。有名になって、自分が生きてることを知ってほしい」

思いは強かった。生まれて初めて目標というものができた。

2ちゃんねるで「人間のクズ」と叩かれる

どこにも居場所がなかった私。ＡＶで自分の居場所をみつけたいと願うようになった。そのためにはやりたくない仕事もたくさん我慢してきた。

何かをするから何かが起きる。何もしなければ何も起きない。この言葉はとても深くて、どちらが正解かはわからないけれど、やっぱり私は「何かをしたい」に行き着く。

すごく傷ついたときに何もしなければ何もなかったのに……とすごく思う。もう何もしなければ傷つかない。けれど何かをしないと何にもならない。やはり目標や夢があるなら、傷ついたとしても何かをやらなければならない。

吊るされたり、ろうそくを垂らされてひっぱたかれたり。肛門から牛乳を一リットルを入れられたこともあった。

バスのなかを添乗員の衣装を着て四つん這いで歩かされ、乗客役の男優たちから暴言を吐かれまくるという精神的につらい作品もあった。

陵辱系の作品で無理やりやられることが多かったので、毎回あそこが切れてヒリヒリ痛んだ。撮影の帰り道は、歩くのも辛いほど痛い。

それ以上に辛かったのは、2ちゃんねるやブログのコメント欄でものすごく叩かれたこと。

「小泉彩って整形じゃね？」

そんな書き込みも毎日。だとしたらなんだと言うのだ。仕事で自分にお金をかけてきれいになることを努力として理解してもらいたい。きれいにならなければ仕事として結果が出ないシビアな世界。女を売る仕事だからこそ、当たり前のこと。そうでなくても、今の時代はＯＬも主婦も学生も整形する時代だ。

黒人とセックスする作品に出演したときは、さらにひどかった。

「黒人とやるなんて人間のクズだな」

「気持ち悪い、よくできるね。サイテー」

もっとひどいわる口、かげ口を書かれたこともある。さすがにかなりの精神的ダメージを受けた。

百人に百人好かれることは無理だとはわかっている。でもやはり極力認めてもらいたい、好かれたい。

今だったら「へー、黒人のちんぽ、気持ちよかったよ」と受け流せるが、当時は涙がにじんだ。

私だってやりたくてやってるわけじゃない。仕事だからやらなきゃいけないだけだ……。ぶっちゃけ、やりたいことなんてない。「こういうシリーズが売れているから」という理由で入れられた仕事であって、女優は私でなくてもいい仕事がほとんどだった。

そうなんだ。吊り下げられるとか牛乳を肛門に入れられるとか、身体的にもキツいけれど、何がいちばんつらいって、やっぱり自分の作品じゃないということ。それがつらい。

私がこの作品に出ている意味ってなんだろう。私は別に必要とされてないんじゃないか。そんなことをよく考えた。

撮影に向かう朝の満員電車。サラリーマンやＯＬの人たちでいっぱいの中、揺られながら思った。

「私は今からＡＶの撮影。この人たちはまさかこれからＡＶの撮影するなんてわからないだろうな……」

どんなにつらくても仕事には行き続けた。「自分は売れるんだ、やりたくない仕事でもやり続けたら、きっと有名になれるはず」という気力だけでがんばってきた。

その強い気持ちがなければ、もしかしたら病んでいたかもしれない。いや、もしかしたらすでにだいぶ病んでいたのかもしれない。

有名になりたくてもなれない。やりたい仕事もやれない。自分の行きたい場所に行けない。どうしたらいいんだろう。

きっと私がかわいくないからだめなんだ。もっとかわいければ売れたのかもしれない。私だからだめなんだ……。

身も心もすり減って、だんだん自分を責めるようになった。

ちょうどそのころ、付き合っていた彼氏が懲役に行ってしまったことも大きな打撃だった。

山梨出身で、クラブで知り合ったヤス。そのときはカジノのホールでまじめに働いていたのだが、悪い友達が寄ってきたのだろう。

「一緒に儲かる仕事をやらないか」

甘い言葉にそそのかされ闇金詐欺に手を出すようになってしまった。浮気もされまくった。

「犯罪なんてやめてよ。捕まっちゃうよ」

「お前だってＡＶやってるじゃん。ＡＶやめろよ」

「ＡＶは犯罪じゃないもん。比較にならないよ」

再三に渡る説得もむなしく、結局、彼はカード偽造詐欺で逮捕され、実刑判決となった。

私は一人ぼっちになった。

どうしてこんなろくでもないやつとばかり付き合ってしまうんだろう。でも、相手を否定することはできない。私がそういう男を選んだんだし、私もそういう男に選ばれる女だったんだ。

十代のころは、うまくいかないことは相手のせいだと思うことが多かったけど、だんだん私自身も悪かったのだと思うようになった。

それに、そんな悪い男でもいい思い出もたくさんある。刺激的で楽しかった。それは否定したくない。

そんな日々を送っているなか、とうとう夢を諦めざるをえない決定的なできごとが起こった。

所属していた事務所が倒産したのだ。

――もうこれまでか。

私の夢は無残に散っていった。

彼氏がカード詐欺容疑で逮捕

カード詐欺で捕まった彼氏、ヤスを思い出すと今も切ない。

ヤスと出逢ったのは二十一歳の冬だった。底冷えのする寒さで、研ぎ澄まされたような空気が肌を刺して、何となく寂しい気分になるような日だった。

私は当時、おさわりパブを辞めて新宿のキャバクラで三ヶ月働いていたころ。毎日のように行きつけのクラブに通っていた。その日も冬の夜の寒さから逃げるように女友達のあかねと、いつものクラブに繰り出した。

入り口に近付くにつれて地響きのように鳴り響く重低音がテンションを高める。私は入場すると、はやる気持ちを抑えてロッカーに荷物を入れ、小走りでダンスフロアーに駆け出した。フロアーに入った瞬間、ＶＪが描き出す極彩色の幻想的な映像が目に飛び込む。

焦燥感を煽るような音の洪水が身体中に覆いかぶさる。私は溢れ出すアドレナリンを活性化させるように、バーカウンターでテキーラショットを二杯立て続けに飲んで踊り始めた。

　踊りが激しい男の子が一人いて、かなり目立っていた。あかねが耳元で叫ぶ。

「あの人、踊りすごくない!?」

「確かに」

　あかねがその男の子に話しかけた。

　暗いフロアーの中で目を凝らしてみると端整な顔立ちで、けっこうカッコいい。「どうも」と挨拶を交わして仲良しになり、連絡先交換。

　それが私の人生を大きく変える、ヤスとの出会いだった。

「ヤスくんちに行っていい？」

　家に遊びに行きたいと女の側から言うのは、あなたに興味があります、流れによっては抱かれてもいいですよ、という意味だ。これを言われて何かあるだろうと期待しない男は九十九パーセントいないだろうという確信があった。

「いいよ。俺、友達と一緒に住んでるんだけど、今日はいないから」

　ヤスは私の二歳上で、山梨県から上京したばかりだった。年上なのに子どもみたいに頼りないところもあるけど、そこが愛らしい。

　初めて会ったのに、すっかりヤスに母性本能をくすぐられていた。基本的に私は母性本能をくすぐられるような男に弱い。そして母性本能をくすぐられると、抱きたくなってしまう。わかりやすく言うと、エッチしたくなるのだ。

　部屋に入って、初めて入る男の人の部屋っていいなぁと思いながら期待に胸を膨らませてソファベッドに座った。チラッとヤスの方を見ると特に意識するわけでもなく平静を装っている。私は横になるまではいかないけど、くつろいだ体勢を取った。この状態は我ながら意味深でいいなと思う。ここから寝かすも起こすも、あなた次第ですよ、というまな板の上の鯉みたいな気持ちだ。

　当たり障りの無い会話に終始して、あっという間に三十分が過ぎた。でも、そこから家族のこと、仕事のこと、女性のタイプや恋愛感など深い話を三時間ぐらいした。初対面のチャラいイメージは完全に無くなって、すっかりヤスの柔らかい物腰と正直な性格に、ますます惹かれていった。ヤスと付き合いたいと強く思った。

　ヤスは上京してから歌舞伎町にあるカジノのホールで働いているという。もちろん違法店だ。そんなことまで正直に話してくれたヤスに私も隠し事をしてはいけないと思った。

それに、もともと嘘をつけないタイプだ。だから、ヤスにはありのままを話そうと思った。

「実は年明けから、私ＡＶ女優になるの……」

三時間以上も話していたら、何となく二人は付き合うんだろうなという空気が流れる。

やっぱりＡＶ女優になる女となんて付き合いたくないだろうかと気がかりだった。でも、ＡＶの仕事を始めることは、ヤスと出会う前から決めていたことだったから、もしも辞めてくれといわれたら付き合うのは諦めようと思いながらドキドキして返事を待った。

「ああ……そうなんだぁ」

第一声は、どちらとも取れる曖昧な言葉だった。予想通りの反応だと思う反面、「辞めてくれ」と強く反対してくれるのを期待していた自分もいて複雑な気分が渦巻いた。

「俺はお前がＡＶやるのは嫌だよ。でも……自分で考えて決めた仕事で、絶対に後悔しないならいいいと思うよ」

まだ付き合ってもいない関係でヤスが言える精いっぱいの誠意ある答えだと思った。私のことを理解しようと頑張っている気持ちがひしひしと伝わってきて、とても嬉しかった。

「ありがとう」

私も心から感謝の言葉を伝えた。そして、どちらともなく付き合おうということになった。

「エッチしようよ」

私はヤスに抱きつき迫った。女の方から迫られた経験がなかったのか、ヤスはテレまくる。まずは、お互いを探るようなチューから始まって、熱心に舌を絡めあう。それから、ヤスはぎこちなく私の服を脱がせていった。

「お前のカラダ、スゴくキレイだね。しばらく黙って眺めたくなっちゃうよ」

ヤスはブラを外すと、そっと胸の先端に唇を触れさせた。くすぐったくて上半身をビクンと反応させると、その様子を上目づかいで見詰めていたヤスがチューと乳首に吸いついてくる。

「ああ……」

私の声を聞いて、さらにヤスは吸引力を強くして、もう一方の乳首を指先でいじりだした。全身に震えが走り、下半身の力が抜けてしまった私はカーペットの上に倒れそうになった。とっさにヤスは私の頭を右腕で支えて、やさしく寝かせてくれた。

再びチューをしてから、ヤスは耳元に唇を移動させた。フーッと生暖かい息が吐きかけられゾクッとすると、全身に鳥肌が立つのがわかった。ヤスは舌先を尖らせて耳の穴に入れると、わざとピチャピチャと音を立てて舐めはじめた。

気持ちいいけど、くすぐったいから、自然とカラダがくねってしまう。すると、ヤスは首筋、オッパイ、腰と順番に舌を移動させて一生懸命ペッティングをしてくれる。正直、舌の動きは拙かったけど、気持ちの伝わる愛撫で、私のアソコはビックリするほど濡れていた。

さらにヤスは太ももに舌を這わせた後、股間に狙いを定めたようだった。ありえないほど大量の液体が溢れ出ているのを見られるのは恥ずかしかったが、アソコに生温かい舌先が触れられると、そんな羞恥心もどこかに飛んで行ってしまった。

ヤスはクリトリスをペロペロと音を立てて舐めながら、アソコを広げて指を挿入してきた。唾液音とアソコに指を出し入れする音がグチャグチャに混ざり合って、どんどんエッチな気分が盛り上がっていく。薄く目を開いてヤスの熱心な愛撫を見ていると、私も気持よくしてあげたいという気持ちが強くなって、いてもたってもいられなくなった。

ヤスを寝かせてパンツを下ろすと、カチカチになったオチンチンが飛び込んできた。バツの悪そうな表情を浮かべるヤスの顔を見ながらフェラをした。私だってヤスの感じている姿を見るだけでテンションが上がる。愛撫を受けているとき以上に、アソコから熱い液体が垂れてくる。

ヤスは私を寝かせて密着してきた。それから私を連れて台所に移動して、バックから荒々しく入れてくれた。ところが、興奮し過ぎていたのかヤスは大袈裟じゃなく三こすり半でイッてしまった……。そのときの申し訳なさそうなヤスの少年っぽい表情は、いつまでも忘れることはないだろう。

このとき思ったのはファースト・エッチって大切だなということだ。エッチをした後にお互いの距離がどれだけ縮まるのか、相手をどれだけ愛しく思えるかが重要なんだ。こればかりは相手がスゴいセックス・テクニックを持っていても、立派なオチンチンを持っていても関係ない。その点、私とヤスのカラダはピッタリ一致した。

ヤスとの出会いは偶然だったけど、一日でグッと距離が縮まったということは、必然の中の偶然だったのかもしれない。この日が二人にとっての本当の始まりだった。

その後、ヤスはオランダのアルバ島で逮捕された。

その日、帰ってくるはずのヤスが帰ってこなかった。知らない人から突然、

「ヤスはアルバ島で捕まっている。釈放するには現金五十万円が必要だ」

と電話がかかってきた。その人は現地にいる日本人だった。

詐欺が黒詐欺にあったのではないかと感じたが、その人は通訳をしてくれたいい人だっ

た。その人と公衆電話で毎晩のように電話し、ヤスの安否を確認した。大使館にも確認し、それでも心配で心配で夜も眠れなかった。一つの細い小さなパンも喉が通らず、食べるのに三日間かかった。

一ヶ月間、私は心配で寂しくて一人でいるのが辛くて放心状態が続いた。五十万円を払いやっと釈放。海外は金で解決できるなんて、なんて容易い国なんだ！

そして、成田空港まで今か今かと待ち遠しく待った。ヤスが現れたときは、これほど嬉しいことはなかった。

ヤスがアルバ島から帰ってきた一か月後、ラブホでセックスした。すっごい精子が出た。

しかし、ヤスはさらにその後、日本でも逮捕された。そのときは目白警察署の留置場にしばらくいて、ずいぶん経ってから接見禁止が解かれた。

私の二十三回目の誕生日。日付が変わる瞬間は、隣に誰もいなかった。

今までの人生で誕生日を一人で迎えたことがなかったから、とても辛かった。本当ならヤスと一緒にお祝いして、バースデーケーキを食べて、ワインを酌み交わしていたはずなのに。気付いたら涙が溢れていた。ジャックラッセルテリアのマーティーが私を慰めるように飛びついてきて、涙が流れる顔をペロペロと舐めてくれた。一人きりの誕生日は寂しくて泣きじゃくって過ごした。マーティーが痛みや辛さを癒やしてくれた。
私は昨日届いたばかりのヤスからの手紙を読んで、思いを馳せた。

「おはよう。本当に心配かけてゴメンな……。本当に俺はお前の気持ちを考えず、周囲に流されるままにカード詐欺なんてバカなことをしたよ。『給料は安くてもいいからマジメな仕事をしてよ』というお前の言葉を聞いておけば良かったって、今さらながら毎日のように反省しているんだ。あのとき、俺が捕まったら、どれだけお前が哀しむかを考えていれば、こんなことにはならなかったはずなのにね。出所したらお前が安心できるように普通の仕事をして頑張るよ。もうお前と、それに自分のためにも法を犯すようなことは絶対にしない。あとお前がやっている仕事のことも二度と文句は言わないし、ちゃんと応援するよ。お前は仕事として割り切ってやっているのに、相手の男優にライバル心を燃やすなんてカッコ悪いもんな。

今の俺にとって、お前と面会できることだけが一番の幸せで心の支えなんだ。最初のころは、せっかく面会できても互いに涙を流して会話にならなかったけど、やっと今は笑いながら話せるようになったのが嬉しい。面会できない日もお前の顔を見たいなと思ったら、刑事さんが取調べの際に、預けているお前の写真を見せてくれるんだ。それだけでも励まされるんだから、改めてお前の存在の大きさを痛感するよ。

こうして文通するのも小学生ぐらいに戻ったみたいで楽しいけど、やっぱり側にお前がいてくれないとダメだね。そういえば最近、お前と知り合ったころのことを思い出すんだよ。初めてクラブで会話したときのこと、お前に指定された歌舞伎町の待ち合わせ場所に俺が自転車で行ったこと、ウチに初めてお前が遊びに来たときのこと……。たった二年前のことなのに、スゴく懐かしいね。あのころに比べると、俺は変わっちゃったよな。あのころにタイムスリップしてやり直したいよ……。

俺は誰よりもお前のことを理解しているつもりだし、お前も俺の気持ちは理解してくれるよね。だから俺の後悔の気持ちと、お前に対する愛情はわかってほしいんだ。今年はいろいろあったよね。自業自得の出来事ばかりだったけどね。今年はお前にたくさんの迷惑と心配をかけてゴメン。来年は絶対に良い年にしような！　お前の誕生日もクリスマスも絶対に一緒にいて、今年祝えなかった分、盛大にやろうね。お前に早く会いたいよ。本当に愛してる。来年は絶対に幸せにするから！　将来的にはマジメに結婚も考えているよ。

PS．二十三歳の誕生日おめでとう!!　また二人の生活が再開したら、前みたいにマーティーと一緒に散歩して、いつもの定食屋でメシ食おうな。それまで浮気しないで待ってろよ（笑）。あとタバコの吸いすぎに注意しろよ（俺が言うのもなんだけど）。ヤスより」

最後の行を読み終えたとき、無意識に吸っていたタバコの火を消した。なんだか暖かい気持ちに包まれて、膝の上に寝ているマーティーを優しく撫でた。

早くヤスの顔が見たかった。たとえ面会時間が十分で、丸くて小さい穴がいっぱい開いた部厚いガラス越しでも、ヤスが近くにいるだけで心が安らいで、未来に希望が持てた。あと数時間後にはヤスに面会できる。

毎日のように目白警察に行き、拘置所の面会も行き、本やお菓子を差し入れした。

実刑判決を受け、地方の刑務所になってからはヤスのお父さんと二人で面会に行った。

拘置所の面会までの通路が長くて長くて、いろいろ考えさせられた。

逮捕されて再逮捕、再再逮捕と刑事から連絡が来るたびに胸が張り裂けそうで、ヤスが遠のいていく感覚がたまらなく辛かった。

忘れられないセックス

ヤスが懲役となり一年が過ぎたころ、ヤスのいない寂しさを埋めるようにまたクラブに通い詰める日々が始まった。

そんなときに出会ったのが、やまちゃんだ。

やまちゃんとはクラブで知り合った。たまたま知り合いを紹介され、その人の友達もいるということで友達を探しに。

そしたらやまちゃんが現れた。大きめのサイズの洋服にキャップにガボールという有名なシルバーアクセをたくさん身に付けていて、一目見てカッコいいと思った。

その日クラブの後に、代々木公園でアフターがありそこでもやまちゃんと踊ってみんなで楽しんだ。

話もおもしろいしギャグセンスもよくて、やまちゃんといると笑顔でいられるので、ヤスがいない寂しさを紛らわせることができた。

どんどんやまちゃんにハマっていって、出逢ってから毎日一緒にいた。毎週末クラブ通いをして、一緒に遊びまくって楽しかった。

やまちゃんにヤスのことを話すと、「俺が忘れさせてあげる」と言ってくれた。うれしかった。けれど本当はヤスが大好き。愛している。

どうしたらいいんだ……。

悩んだ末、ヤスにもやまちゃんの存在を伝えた。ヤスはひとりぼっちの私が病むのではないかと心配してくれたのか、「今はそいつといろ」と言ってくれた。

そして、やまちゃんと付き合いだした。

でも、うちにはヤスの洋服がたくさん。やまちゃんはどんな気持ちだったのか。

やまちゃんとは一年ほど付き合ったが、結局お別れすることになった。そのときに言われた。

「ヤスくんの物もずっと置いてあるし」

やはり一年間ずっと嫌だったんだな。

ヤスがそろそろ出所してくる時は胸がドキドキして、自分でもやまちゃんよりやっぱりヤスが好きなのかもと思った。ヤスに対する愛情をやまちゃんにぶつけてたのかもしれない。

やまちゃんもやまちゃんで、元カノと連絡をとるなど浮気疑惑もあり、携帯を壊したりたくさんケンカしたりした。

九州出身で東京ではお姉ちゃんと一緒に暮らしているのも、私は嫌だった。

やまちゃんとの最初のHは、やまちゃんの家。お姉ちゃんが居ないときにした。やまちゃんは、アナルセックスを初めてした相手。私がお願いした。

一緒にいた日々は、今は素敵な思い出。

やまちゃんは、私と別れた後に結婚して今は子どももいる。ゆうやも私と別れて結婚。私はいつも踏み台なのか。私との付き合いが大変で激しすぎて次に会った女性が天使に見えるのか……謎だけどそう思う。

痴女として再デビューを果たす

事務所が倒産してAV女優としての夢を閉ざされ、まあ、それはそれでこんなもんかなと思うようになっていた。

そんなとき、新宿のおさわりパブで働いていたころにお付き合いしていたそうくんの後輩と偶然再会するというできごとがあった。

「あれ、久しぶりじゃん」

「わあ、久しぶり、元気？　今何してるの？」

「俺、こういうプロダクションやってるんだ」

と彼は名刺を差し出した。

「AVやってみない？」

「実は、AVはがんばってきたけど、全然有名になれなくてもう諦めた」

「もう一度、名前を変えて再デビューしたらいいじゃん」

「再デビュー？」

思ってもみない話だったが、これが最後のチャンスだと思った。これを逃したら、もう本当に終わりだと思った。

「今までの経験と自分の気合いをすべて出し切るんだ。今、このチャンスしかないんだ」

覚悟を決めて、まず五本契約した。この五本で勝負をつけるしかない。

芸名は、里美ゆりあ。

そのとき「たけのこの里」が大好きだったから「里」の字を入れた。「美」という字にも憧れがあった。

名前は、友人に「かわいい名前ないかな」と相談したところ、「漫画『北斗の拳』のヒロイン『ユリア』って、響きがかわいくない？」と言われて、「確かに！」というノリで「ゆりあ」と付けた。

髪の毛はバッサリ、ショートカットにしてイメージチェンジ。

美しくなるための投資も惜しまなかった。クリニックに行ったり、エステに行ったり。

これまで貯めたお金を使って、できる限りの努力をした。

とにかく、これが最後のチャンスだから。

Mというプロダクションは、女の子に「キミは全身整形しないと売れないよ。事務所が金を出すから手術しておいで」とそそのかし、顔から胸からすべての整形手術を受けさせ、それで整形が失敗したり売れなかったりしたら、後から「金を返せ」と莫大な金額を請求するという。これからAV業界をめざす子は、そういうところには引っかからないように！

キャバ嬢も女優も女を売るお仕事の場合、見た目が重視されることは事実。事務所の甘い言葉に騙されず、自分の資金でできる範囲できれいになって、稼いで取り戻すのはいいことだと思う。

新しいメーカー、新しい事務所。自由に撮らせてもらってドSキャラが完成した。

痴女女優・里美ゆりあ。

小泉彩のときは痴女なんて一本もやらせてもらえなかった。淫語もなかなか出なくてインカムごしに監督に指示してもらっていたくらい。

ところが、ドSとしてやってみたら淫語が次から次へと出るわ出るわ。私にすごく合っていた。

歯車が回り始めた。

私だけの力じゃ夢は叶えられない。運とタイミング、すべてがよかったのだと思う。

以前は私でなくてもいいような作品ばかりだったけれど、やっと「私の作品」と呼べるような、自分が見ても気持ちよくなれる作品に出演することができた。新しいメーカーも、痴女・里美ゆりあの作品を連発、人気が出たものだから「痴女メーカー」として知られるようになった。


しかし、夢の歯車が動き出したにもかかわらず、なぜだかわからないけれど気持ちがすっかり晴れ渡ることはなかった。

ある日、ふつうの人と飲んでいるときに「仕事何してるの？」と聞かれた。

「えっと……ＯＬ、です」

なぜか「ＡＶ女優」と答えられない自分が、そこにいた。

以前はそんなことはまったくなかった。

二十五歳。もう立派な大人だ。同世代も社会人になっている。そんななかで自分がどう振る舞えばいいのかわからなくなっていた。

ＡＶ女優としてまだそこまで有名じゃないから？

「やりたい、やらせて」と思われることが嫌だから？

心のどこかで、ＡＶ女優という職業を軽蔑しているから？

夢が叶い始めていながら、プライベートの私としてはそれを喜べない複雑な心境。今思い返してみても複雑でなんとも説明しづらい。だんだん私のことをよく知っている人としか会わなくなり、かつてのような社交性がなくなっていった。

その上、当時付き合っていた男・ゆうやくんには浮気されまくり、だんだん八方塞がりになっていった。

母子手帳で衝撃の事実が発覚

事務所も変わり、名前も変わり、新しいスタート。でも、芽は出たけれども花は咲かないような状態がしばらく続いていた。

当時はロリ顔でおっぱいが大きい女優が人気だった。そのせいか、痴女としての私は一部の間では人気が出ても、全体から見ると埋もれてしまっていた。

でもって、彼氏のゆうやくんは十五人と浮気。女用ケータイを車のダッシュボードに隠し持っていた。ああ、またそんな男と……。

そんな私をさらに打ちのめしたのは、お母さんだった。

「もう大人になったんだし、母子手帳、自分で持っていたら」

レトロな表紙の母子手帳をお母さんから手渡された。

今までけんかすると「あんたは川で拾ってきたんだよ」なんて言われてきたが、本当にお母さんのお腹から生まれてきた子だったんだなと実感した。うれしかった。

ページをめくっていると、血液型の欄がふと目に入った。

私はＡＢ型。それは間違いない。

そこにはお母さんの血液型も書かれていた。そこでお母さんの血液型を初めて知った。

お母さんは、Ｂ型だった。

目を疑った。

あれ、間違ってない、これ？

お父さんはB型である。B型とB型の親から生まれるのは、ほとんどがB型。お姉ちゃんはB型だ。まれにO型が生まれることもあるらしいが、AB型はどう考えても生まれない。

私の血液型、へんじゃない？　すぐにお母さんに電話して問いただした。

「血液型？　昔はさ、血液型は曖昧だったのよ。看護師さんが間違ったんじゃないかな」

「は？　何言ってんの。はっきり『B』のスタンプ押してあるし、病院が間違えるわけないでしょ」

「あ、ちょっと佐々木さんが帰ってきたから切るね」

一方的にガチャ切り。その後も何度も電話したが、居留守か適当な返事で逃げられた。

「お母さん、大事なことなんだから逃げないで。答えて。どうして血液型が違うの。お父さん、違うんでしょう？　誰なの、本当の人は？」

「……山本さん」

観念したようにようやく口を開いた。この言葉を聞いて瞬間的に子どものころの記憶がフラッシュバックした。

近所の人や親戚から「お姉ちゃんに似てないね」とよく言われていたこと。「お母さんは血液型何型？」と聞いたとき「お母さんは調べてないからわからないよ」とごまかしていたこと。「調べなよ」と言っても、「別にいいのよ、血液型なんて」と頑なに拒否していたこと。

「山本なに？　下の名前は？」

「『山本』しかわからない」

「どこにいるの？」

「わからない」

「わからないってどういうこと？　連絡先は？」

「……知らないの、何も。『山本さん』ということしか、わからない」

お母さんによると、山本さんはある会社に面接に行ったときの面接官だったそうだ。それがきっかけで二回、関係を持ったという。お姉ちゃんが六、七歳のころのことだ。

その時、山本さんにも家庭があった。つまりダブル不倫。

お母さんは決してヤリマンではない、はず。佐々木さんと再婚するまでは仕事ばかりして、男と交際しているようなそぶりはなかった。

ダブル不倫をしたころ、お父さんにはすでに愛人がいて、ギャンブルばかりしてあまり家に帰ってこなかったから寂しかったのか、鬱憤を晴らすためだったのかもしれない。

お母さんは妊娠したことを山本さんには知らせず、自分の夫の子どもとして産んだ。私にとっては考えられない選択だ。女は怖い。

「なんで堕ろさなかったの？」

「お姉ちゃんにきょうだいがいたらいいかなと思って」

お母さんは「どうしても産みたかった。それくらい山本さんのことが好きだった」とは言わなかった。

私は、お父さんへの腹いせで生まれた子なのか。ダブル不倫の末、愛されて産まれた子ではなかったんだ、とショックが大きすぎて一週間外に出られなかった。

のちに探偵を雇って山本さんの所在を調べてもらったが何もわからなかったという。それは本当かどうかわからない。

山本さんは北海道出身で色白で背が高い人だったそうだ。私の肌がこれだけ白いのは、山本さんの血を受け継いでいるからららしい。そういえば、お母さんもお姉ちゃんも色白ではない。

小学生のとき、川崎のお父さん（本当の父親ではないが）に初めて会った瞬間、「この人は本当に私のお父さんなのかな」と違和感を抱いたのは、このせいだったのかとわかった。

私の直感はよく当たる。

完全に人間不信に陥った。親に裏切られ、そのとき付き合っていた彼氏にも浮気されまくっていたことがわかり、もう誰も信じられなかった。

ふつうは親だけは信じられるはずだが、私の場合は親すらも敵。父親が違ったばかりでなく、その事実を何度も問いただしても逃げるという態度も許せなかった。

友達にいきさつを話すと、

「下がるところまで下がったら後は上がるだけ。そんな状況でも、あんたを産んでくれたんだからよかったじゃないか」

と言われた。その言葉に心が少し楽になった。

本当のお父さんに会いたい。でも「山本」しかわからなければ、探し出すのは不可能だろう。たとえ探し出せたとしても、山本さんはお母さんが妊娠したことも知らない。「あなたの子です」と会いに行ったら困惑するに違いない。男としては「ちょっとやっただけ」だろうから、迷惑だろうな。

会いたいけれど、会いたいと願い続けてもどうしようもない。いつまでもぐじぐじ悩んでも仕方がない。

どうにか自分のなかで消化しようと思うようにした。

つくづく次から次へと問題が起きる辛い人生だ。


川崎のお父さんは、私が本当は自分の子ではないことを知らなかった。

晩年、私からこの事実を伝えた。お父さんは動じることなくこう言った。

「そうか。それは知らなかった。でもお前のお父さんはお父さんだから。三歳のときに別れたけど、ずっとそう思ってる」

その数年後、お父さんは前立腺がんが見つかり入院した。最期はガリガリになってしまった。それでも、病室でもお父さんはお父さんらしかった。

「お父さんはもう行くね」

「わかった、天国で見守っててね。いってらっしゃい」

「おう、いってくるよ」

明るい別れだった。あの人がお父さんで本当によかった。

お父さんには毎回彼氏を紹介していた。歴代の彼氏をみんな知っているのはお父さんだけだ。お父さんが亡くなってから出会った彼氏を紹介できなかったことが残念でならない。

亡くなったあと愛人と関係がこじれてしまい、私もお母さんもお姉ちゃんもお墓の場所も知らされていない。

お墓参りはできないけれど、お父さんは心のなかにいるのでいつでも語りかければいいと思っている。

恵比寿マスカッツのメンバーに抜擢

自分が隠し子であることが発覚し、どん底の日々を送った。

そのころ、「貯金を日本円で持っていたらよくない」とお母さんから電話で言われ、投資家の知り合いに電話して「フィリピンのボラカイという島にいい物件があるので投資したほうがいい」と提案され、物件を見に行くことになった。二回見て、九六〇万円を支払った。その後、「建物ができたから一七〇〇万円支払え、管理費も払え」と言われ、総額三千万円を支払うことになってしまった。

さらに十五人浮気していた男に疲れてボロボロになって別れた。

「恋愛はしばらくもういいや」

そう思ったのは、生まれて初めてかも。小六でセックスを覚えてからそれまでそばに男がいないなんて考えられなかった私が、二十五歳から四年間も恋愛から遠ざかり、一人きりでいた。

一人の生活も悪くない。一人でバーやラーメン屋、焼肉屋にも行けるようになった。一人カラオケにも行って、誰にも気兼ねすることなく楽しめた。

彼の趣味に合わせることなく自分の興味の赴くままにどこへでも行けるようになると、行動範囲がグッと広がった。

幸せな四年間。四年目はさすがに「このまま男がいなくていいの!?」と焦り始めたけれども、そう思うまでは本当に楽しく過ごした。

仕事で大きな転機が訪れたのも、その期間のこと。二十八歳。すでにAV女優デビューから十年目になっていた。

テレビ東京で深夜に放送されているバラエティ番組「おねだりマスカットDX!」

（二〇一〇年〜一一年放送）に出演しないかというオファーがあったのだ。

正直なところ、「どうしようかな」と迷った。

すでに「マスカット」シリーズとして三年目に入った番組。アイドルグループ「恵比寿マスカッツ」には六期生としての加入になる。

若い女優さんがたくさんいる中で二十八歳の私が新人として出演するって、どうなんだろうか。今までやったことのないダンスを覚えたりなんだかんだということも、ちょっと面倒くさい。

しかし、せっかく声をかけていただいたのだ。チャンスかもしれない。

思い切って飛び込んでみたら、ダンスをいきなり十五曲覚えてこいと命じられた。ダンスなんてパラパラしか踊ったことがない。

メンバーとは最初はもめごともあったが、無事に軌道修正した。ダンスの先生ともリハーサル中にもめて帰ったこともあった。

ここではバカを全面に出そう。今さらかわいこぶってもしょうがない。自分のなかのおもしろい部分を恥ずかしがらずにさらけだそう。がんばろう。

おバカキャラとしてみんなにいじってもらっていたけど、あれはキャラを演じていたわけではなく、割と素の私です。全力でバカができるって楽しい。

あまりに自由にコメントしていたため、「ADゆりあさん」というコーナーまで作ってくれた。私が大喜利コーナーのAD役となり、出演者に勝手なカンペを出すというもの。メンバーに「ロボット風に自己紹介して」「さりげなく鼻の穴に指を入れて」と指示を出したり、ADなのに突然大喜利に参加したり。みんなに「空気読めてない！」といじられていた。

そのときは恋愛をしていなかったので思い切りバカができたのかも。好きな人がいたら、意識せずとも「こんなことをしたらどう思われるかな」「これは恥ずかしいな」という躊躇が頭をかすめてしまう。その分、反応もにぶくなるし、言葉も選んでしまいがち。

そんなためらいが一切なかった。少し自信過剰かもしれないけど、番組のなかで私は結構おもしろかったんじゃないかな。

共演者の方のいじり方にもずいぶん助けられた。「どう思う？」というふりの絶妙なタイミング。ここで私が答えるとおもしろくなるとわかってくれてたからこそふってくれたんだと思い、私も精いっぱいおもしろくしようとがんばった。

ディレクターさんもすごい。あの人は天才だと思う。

言ってみれば、ディレクターさんは料理長。私はそのなかのニンジン。みんなをうまく使ってすごくおいしい料理に完成させる。

月一本ＡＶの撮影をすることに慣れてしまって刺激に飢えていたので、何もかもが新鮮だった。

責任感とか努力するということも初めての経験。もちろん、ＡＶの撮影にも責任は伴うけれども、やはり三十人もの人数でチームとしてがんばるというのは、特別な責任を感じる。学校の部活などと無縁、友達も多くなかった私が、二十八歳にして改めてそうしたチームプレイを経験させてもらった。

改めてこうしたチャンスに恵まれてありがたい。

期待された分、自分でも「爪痕を残さないと」という思いが強くなった。毎回、がんばった。

この番組によって知名度は格段に上がった。

おかげさまでイベントで沖縄県から北海道から全国あちこち行かせていただいて、ファンの人たちがたくさん来てくれるようになった。本当にありがたい。

「ゆりあちゃんっておもしろいね」「ゆりあちゃんが来てから、マスカッツすごくよくなったね」

と言っていただけることもたびたびあり、うれしくてうれしくて。

番組で私の存在を知り、AVを見てくださった方もたくさんいたようだ。

サイン会にご夫婦で来てくださった方がいた。

「不妊治療をしていて、人工授精のために精液を採取しなければならないんですが、ゆりあちゃんのDVDを見て採ったんですよ。おかげで子どもを授かりました。ありがとうございました」

ええ〜、社会貢献といったら大げさだけど、私のDVDがそんな貢献をしているとは。驚いたけれどもとてもうれしかった。

「死のうと思ってましたが、死なないでよかったです」

と言われたこともあった。そんな人とは本当はいろいろ話したかったな。人を救えているというか、人のためになっているならこの仕事も悪くないと思う。

AVは一本いくらとギャラが決っている。歩合制でも印税でもない。

だから、ものすごく売れたからといっても自分に跳ね返ってくるものは、基本的にはない。

もちろん売れれば売れるほど、サイン会やイベントに行けばファンの方がたくさん集まってくれてその場で作品を買ってくださるので、やりがいを感じることはできるが、通常は結果が見えない。

「スカパー！アダルト放送大賞」や「ＤＭＭアダルトアワード」などの賞はあるけれども、残念ながら私は表彰されたことがない。

そんななかで、恵比寿マスカッツのメンバーとして知名度が跳ね上がったことは、私の大きなやりがいとなった。

「絶対に有名になる」

初めてそう思ったのは、小泉彩としてもがき苦しんでいたころだった。

多摩川の夜空の星を見ながら、「自分の存在を、たくさんの人に知ってほしい」と思った。

やはり生い立ちが関係しているのだと思う。お母さんの愛に飢えて、彼氏たちからもひどい扱いを受けてきた。

たくさんの人に認められたい。「私はここにいるよ」と誰かに知ってほしい。

私は、寂しさを乗り越えていくために、有名になりたかったんだ。これを目標に、ここまでＡＶを続けてきたんだ。

なかなか夢は叶わずにいたけれど、遠くのほうに小さな光が輝くのがかすかに見えた。なんの光かわからないけれど、光ってる、ちっちゃく、遠くで……。

小さくても光っているから、あきらめちゃいけない、それを信じ続けるしかない。自分のなかでそう言い聞かせてきた。その光があったからここまでがんばれた。あの光がなかったら違う道に進んでいたと思う。

光を信じてよかった。信じたから毎月お仕事をいただけた。それだけ仕事があるのはありがたいこと。ＡＶは自分がやりたいといってもできないことだから。

神様は見てくれているんだろうな。神様がいるかどうかはわからないけど、ちゃんと拾ってくれる。チャンスは訪れる。

このころからいつしか「職業はＡＶ女優」ということに対する抵抗もなくなっていき、心からリラックスして仕事に打ち込むことができた。

ちなみに、お母さんは、私が学生のときから稼いでいたことを知っている。

ＡＶは、お母さんから「今、仕事なにやってるの」と聞かれて、サラリと「ＡＶやってるよ」

と答えた。

知ったところでお母さんは私が何をしようととやかく言えないはず。私もお母さんには迷惑かけたけれど、お母さんだって私に迷惑かけたので言われる筋合いはない。

子どものころ育ててくれたお祖父ちゃんには、生きているときに電話で「おさわりパブで働いている」と明かしたら、「真面目になったなあ」と感心された。きっとお祖父ちゃんは「おさわりパブ」が分からなかったんだと思うけど、相当心を込めて「偉くなったなあ」と言っていた。

何か言われると思っていたので嬉しかった。あのときのお祖父ちゃんの声は今でも忘れられない。

佐々木さんはおそらく何も知らないまま死んでしまった。

川崎のお父さんには伝えたら写真集を買ってくれて、会社の人に「これ、うちの娘なんだよ」と自慢してくれた。

ＡＶが悪いとは思わないが、もしも親の愛情いっぱいで育っていたらＡＶという選択肢はなかったかもしれないとは思う。もちろん、ＡＶ女優でも親から愛情をたくさんもらってる子もいるので、人それぞれの思いがあるのだろう。

二〇一三年四月、恵比寿マスカッツの卒業ライブが舞浜アンフィシアターで開催された。プロデューサーさんとデュエットすることになり、せりあがりで登場。緊張で足が宙に浮いてライトが眩しくて、お客さんの顔が見えず目の前が真っ白になったけれど、歌いきれて本当良かった。

卒業証書をもらったときは、みんなボロボロと泣いてしまった。私も泣きながら、

「これからお金を貯めなきゃならないので、ギャラ五千円では無理です」

とコメントした。そうなんです。撮影に丸一日拘束されてギャラは五千円。一生懸命ダンスを練習してライブをやって一万円もらえるかどうか。コンビニバイトのほうがよほど稼げる！

卒業ライブでは二千五百人×二日間、みんなの力で五千人も動員した。あんなにたくさんの人前に立つのは感動する。ギャラ以上の感動と経験と肥やしを得たので感謝しています。

第三章

人生は甘くない

突然の訪問者

私の人生は、甘くない。

穏やかになりかけた生活は、またもや無残に崩れ落ちた。今度は、国税局だ。

二〇一四年、国税局は私の銀行口座を調べ、二〇〇七年から二〇一三年までの七年間に約二億四五〇〇万円の所得があったとして、追徴課税一億七千万円を課した。

マスコミは次のように報道した。

＊　＊　＊

人気ＡＶ嬢「里美ゆりあ」が二億四五〇〇万円の所得隠し〝貢がれた〟と異議

職業寿命が二〜三年というAV業界にあって、今年でデビュー九年目になる里美ゆりあ（31）は、数少ない売れっ子女優の一人である。ショートヘアと大きな瞳が印象的で、今年八月発売のベスト版では「男を悦ばせる天才」なんて冠もついている。もっとも、そんな彼女に鼻の下を伸ばすことなく、鋭い眼光を向け続けた男たちがいる——。

男への貢がせ方もお上手

二〇一四年六月、ゆりあ嬢を「丸裸」にしたのは、東京国税局の「課税部・資料調査課」に所属する腕利きの調査官たちだった。

「組織名の『料』の偏に因んで『コメ』との隠語で呼ばれる彼らは、任意の調査で個人や法人の大口所得隠しを暴きます。その調査力は、強制調査ができる『マルサ』こと査察部を凌ぐとも言われる」

と、国税関係者。

「彼らは、彼女の銀行口座の出し入れを見て、〇七年から一三年までの七年間で約二億四五〇〇万円の所得があったことを突き止めました。おまけに彼女は、毎年の確定申告を義務付けられている個人事業主であるにもかかわらず、その間に一度も申告を行っていなかった。その結果、『所得隠し』を指摘されたのです」

ＡＶ女優のギャラは、高くても一本一〇〇万円と言われている。彼女の出演本数は年間二十本にも満たないのに、どうやってそんな大金を稼いだのか。

「実は、ＡＶ女優としての報酬は約四五〇〇万円分だけで、残りの約二億円は個人的に相手をした男性から得たものでした。彼女はそれを現金で受け取り、自分の銀行口座に入れていたのです」（同）

「慰謝料」は非課税

人気ＡＶ嬢ともなれば、男への貢がせ方もお上手に違いない。

「これを『接待サービスへの対価』と見做した当局は、所得税に消費税、さらに無申告に対するペナルティとして重加算税と延滞税を加え、合計で約一億一五〇〇万円の追徴課税を課しました」（同）

彼女は、この処分を一度は受け入れたという。

ところが、程なくして態度が一変する。所轄の目黒税務署に「申述書」なる文書を提出し、こう反論したのである。

〈交際していた男性から確かに金銭の授受はありましたが私が決めた金額でもなく精神的、肉体的な慰謝料として頂いたもので自由恋愛の結果だとおもっております〉

さらに、「異議申し立て」まで行い、

〈特定の個人から結婚を条件に交際いたしましたが成就しなかったので慰謝料として金銭を受け取った〉

としたうえで、

〈大阪在住の医師〉
〈FX株取引会社〉
〈香港在住の不動産業者〉
〈NPO法人主宰者〉

から、それぞれ五〇〇〇万円を受け取ったことを明かしたのだった。

その意図を、税理士の浦野広明氏が解説する。

「慰謝料は所得税法上、心身に受けた損害を賠償するものであって、新たな所得に勘定されないため、非課税となります。彼女は、税理士にそういう知恵をつけられたのでしょう」

実際、彼女は国税ＯＢの税理士を代理人に立てていたのだが、先の国税関係者が呆れて言う。

「心身ともに傷ついた割には、七年で四人との婚約は変わり身が早すぎるし、そもそも婚約不履行に対する慰謝料の相場は五〇万～二〇〇万円。一人五〇〇〇万円の支払いが『慰謝料』と認められるわけもなく、申し立ては却下されました」

改めて当時の経緯をゆりあ嬢に尋ねると、

「追徴課税は支払い終わり、税務調査も終わったと聞いております」（所属事務所）

と言うのみだが、

「ただし、延滞税がかさんだおかげで、当初よりも納税額が膨れ上がりました」（国税関係者）

金が敵の世の中である。

（新潮社「週刊新潮」二〇一六年九月一五日号より）

＊＊＊

この報道は真実ではない。ここで私の口からこの件の一部始終を語っておきたい。

里美ゆりあとなって再デビューし毎月ＡＶ作品をリリースするようになっても、私は川崎の築三十年のボロアパートでずっと暮らし、そこから撮影現場に通う生活を続けていた。お祖母ちゃんと叔母さんは亡くなってしまったため、彼女たちが払っていた分の家賃も負担することになったので月々五万円。そこでの一人暮らし。

都心のマンションに引っ越そうと思わなかったのは、貯金をしていたから。

将来が不安で不安で仕方がなかった。

将来、男に頼れない。これまで会った男はろくなやつがいなかった。親にも頼れない。誰も助けてくれない。人は信用できない。十四歳くらいからそう思っていた。

「私はひとりで生きていくしかない」という責任感とプレッシャー、不安を感じていた。

お金しか信用できなかった。お金だけが味方だ。お金は私の最終的な希望なんだ。だから、自分でお金を貯めるしかない。八十歳まで生きるとして計算すると、三億円くらいあればいいんじゃないか。三億円貯めよう。

川崎の２ＤＫのアパートは、お風呂にシャワーが付いておらず（後で付けてもらった）、給湯器も「カチカチカチ……ボッ」という古いタイプ。ベランダは経年劣化でいきなり落っこちてしまった。

ポストも鍵なんて付いていない、誰でものぞき放題、取り放題のポスト。セキュリティもなにもない。

それでも我慢。都内のマンションなんてとんでもない。贅沢禁止。

隣のマンションを見て、「いつかこんなところに住みたいな」と思っていた。今となってはなんでもない平凡なマンションなのだけれど。

AVのギャラも、「お小遣い」としてさまざまな方からいただいたお金もすべて貯金。

そのうち当時の彼氏の部屋に入り浸るようになり、「家賃三万円でいいよ」と言われてからはそこで暮らしていたので、さらにお金が貯まった。

AVは二百本以上出演しているので相当な収入になったはずだ。

そのほか、人に呼ばれてギャラがもらえる飲み会で一回数万円。タクシー代をいただいたらそれも貯金。

株で成功していた人たちに少しずつお小遣いをもらうこともあった。それももちろん使わずに貯めた。

彼氏がいなかった四年間は「ここで一気に貯めるしかない」と、遊ぶことなくコツコツと貯めていた。

貯まってくると、けろけろけろっぴの袋が盗まれた悪夢が蘇る。だから、お金があることは人には言わないようにした。つけいる隙は与えない。悪い大人たちが根こそぎ取りに来ないように、ガードを固くした。

そうして、完璧に貯めまくった。

三億円。

本当に、貯まった。

頭の中が完全に不安とお金に支配されていたことが、結果的に裏目に出た。ここまで貯まる前に、早めに誰かに相談できたらよかったのかもしれない。

ＡＶの出演料は、プロダクション経由のものは源泉徴収として税金が引かれてもらっていたはずだが、私にはその他の現金収入があった。「年一回、申告をしなければいけない」みたいな話は、撮影現場や世間でちらほら耳にしていた。だが、気付いたころにはもう三億円貯まっていたので遅かった。

念のため、知人に聞いてみた。

「『所得を申告する』って、申告しなきゃいけないの？　したらどうなるの？」

「税金は自分の意思で申告するものだよ。申告したら、今の貯金の半分くらい税金として持っていかれるだろうね」

えー、それそれめっちゃ困る！　一億五千万円も取られるの？　いや無理無理。こんだけがんばってきて、無理だよ、どうしよう！

いまさら銀行のお金を取り出してもバレるし、身動きがとれない。もうこのまま貯め続けるしかない。

そんなとき、いきなり来たのだ。

「国税局です。なんのことかわかりますよね」

出頭命令である。これがことの経緯の真実だ。あとから聞いた話によると、私の家に四人、国税局が来たのとまったく同じ時刻に、プロダクションに三人、実家に二人が入ったという。

そこから事情徴収が一週間ほど、毎日続いた。一日七〜九時間。休憩時間もなく、延々と根掘り葉掘り、質問攻め。ノイローゼになるのではないかと思うほど。

「七年前の○月○日、○万円を口座に入れてるけど、これは何のお金？」

「これはどこで、誰と会ったときのお金？　飯は何食った？　思い出して」

「これはタクシー代としてもらった金？　何月何日何時ごろ、どこからどこまで乗ったの？」

「これは誰からのお金？　その人の連絡先は？」

思い出せるわけがない。

助けて……！

叫ぼうにも、誰も助けてくれない。

言葉遣いがかなり荒い取調官もいて、ずっと責め続けられた。別に隠蔽するつもりはないのに、逮捕しに来たのかと思ったくらいだ。

すでに潰れてしまった事務所社長にまで反面調査にも行かれた。当然、千葉に住むお母さんのところにも行かれた。

歯医者に行く時もついてきた。

お願いだから、そんなに私を責めないで。何もわからなかっただけ。がんばってお金を貯めただけだから。みんなでそんなに私を責め立てないで！

衝撃が大きすぎて、取り調べ中に過呼吸になってしまった。

「三億円すべて取られるのではないか」という恐怖で激しい鼓動に襲われた。

死のうと思った。

自分はなんのためにいままでがんばってきたのか、苦労の日々はすべて無駄になるのかと、本当に虚しくて虚しくて。

いろいろな嫌なことも我慢して、最悪なことも経験してきて、これで五千万円以下しか残らなかったら死ぬしかないと思った。

結果として、預金残高三億円から逆算し、七年間で収入が三億円以上あったと認定。経費などを差し引いた所得が二億四五〇〇万円。一億七千万円が追徴課税として持っていかれた。

おかげさまで五千万円以上、残ったので死ぬことはなかった。生きるしかない。

ああ、無知って怖い。

税金を払う気はある。誰かの名義の口座に隠していたわけではない。逃げも隠れもしない。ただ、申告しなければいけないということを知らなかっただけだ。どうやってどこに申告したらいいのかもわからない。

せめてはがき一枚、「ちょっと払ってくださいね」と通知してくれればいいのに。国税局は何も教えてくれなかったではないか。

なぜかって、重加算税がほしいからなのだろう。追徴課税一億七千万円のうちの四千〜五千万円は重加算税だ。「こいつ結構がんばってるな」「いつ取りにいく?」「今でしょ」という具合に、七年間も泳がされていたのだ。

国って超怖い。これはほとんどいじめだ。

風俗嬢、キャバ嬢、愛人やってる子だって申告しているかといえば、している子はほとんどいないのでは。タンス預金にしてうまく隠している子もいるだろうけど、大半は申告するべきなのかどうかもわかっていないのだと思う。

「なんで私だけ」とは思わない。払わなければいけないのだから払う。ただし、もうちょっと世間の女の子たちにわかりやすく説明すべきだったのではないか。そちらさんも少しは責任があるのではないですか。

会社の社長サンのような頭がいい人たちはうまく節税したりお金を逃したりしているらしい。

うまくやろう、なんて、そんなことすら思いつかなかった。

タンス預金して盗まれた過去があるし指輪も盗まれたことがあるので銀行が安全だと思ったが、いちばんだめだった。

人はおばけが怖いと言うけれど、何がいちばん怖いって人間がいちばん怖い。国税局なんて血も涙もない。こちらの感情がまったく通じない。

「これだけがんばって稼いだんだ」と言っても、「いや、これは非課税にはならない」「必ず払ってもらいます」と追い込んでいく。

過呼吸になろうがおかまいなし。おかげで五キロも痩せた。

税理士に相談すると、「何人かに借りたお金である」と異議申し立てをしたほうがいいと指導され、言われる通りにしたが却下された。そのため国税不服審判所に対して審査請求の手続きをし、申告をしていなかったのは悪いと認める代わりに、仮装隠蔽行為などの悪意はなかったと主張した。

よほどお金を持ってロサンゼルスに逃亡しようかと思ったが、海外だと時効が止まる、二度と日本に戻って来られないと聞いてやめた。九州にも逃げようかと考えたこともあった。

「ひとつの高い授業料だと思いなさい」

「命をとられたわけじゃないから、いいじゃないか」

「下がるだけ下がったら、上がるしかないよ」

と、飲み仲間のおじさんや友人たちが口々になぐさめてくれたので救われた。

いろんなポイントで意外といい言葉をいってくれる人がいる。人のあたたかさとお金との距離を見直す、いいきっかけになった。

三億円を銀行から引き出してキャリーケースで運んだ。重すぎてなかなか動かない。いままで貯めてきたものが数字でしか見ていなかったけど、札束にするとこんなにも重い。今までの自分の積み重ね。それがこの重さになっている。気持ちも重い。

金なんて紙切れだ。邪魔なものだ。

今まで諭吉の顔を揃えて財布に入れてがんばっていたけど、今は諭吉の顔なんてどうでもいい。そこそこは必要だけど、我慢に我慢を重ねて貯めるなんてしなくていいや。

振り返ってみれば、貯めれば貯めるほど悪いことが起きる。先輩に盗られ、けろけろけろっぴも盗まれた。

私はどこまでも幸せになれない。いつまでがんばってもがんばっても、報われない。

そもそも幸せってなんだろう。

幸せの定義は人それぞれ違う。お金があっても不安でたまらない人もいる。

三億円あれば不安はなくなるの？　五億円あれば幸せになれるの？

女性ならいずれ結婚して男性に頼れば幸せじゃないかという人もいる。でも、お母さん

も お姉ちゃんも離婚をしているので、結婚が絶対幸せとは思えない。結婚と幸せは別のものだ。

テレビでカナダのプロジェリア症候群(全身の老化が異常に進行してしまう病気)の患者、アシュリーちゃん(アシュリー・ヘギ／一九九一年~二〇〇九年)が、

「生まれ変わったら、また自分になりたい」

と言っていた映像を見て感動して泣いてしまった。

自分は幸せと言える人は本当に素晴らしい。お金があっても心が貧しいと幸せではない。私にとって幸せとは……、家族。家族をつくってそこに愛があればいい。


とりあえず今、手元に三億円はなくなってしまったけれど、三億円貯めたということは事実。目標は達成できたから、ま、いっか。

一難去りまた一難。どんどんスケールがでかくなってきている。今後起こりうる難といったら、健康問題しかないいんじゃないかな。

苦労続きの私の人生。

そんなことがいろいろあってもがんばって生きている。

留置場に入れられる

四月に国税局が来てまだ解決していないうちに、五月にはなんと刑事が来た。友人のやくざが犯罪を犯したため追っていると言う。携帯電話の登録から私の名前が上がったらしい。

「事情を聞きたいので同行願います」

ただ警察に行って友人について話すだけ。ものの一時間もあれば終わると思ったら、なんとそのまま留置場に入れられてしまった！

国税局で頭がぐるぐるになった直後、何も悪いことをしていないのに単なるとばっちりで今度は留置場。つくづく「私の人生、どうなってるんだ」と呪うばかり。

刑事さんは私のことを知っていた。

結局、留置場には十一日間もいた。

出たあとに、刑事さんから税理士さんを紹介してもらって助けてもらった。

そのときすでに知人に紹介してもらった税理士に対処を頼んでいたけれど、その税理士がむちゃくちゃ。

「五千万円ずつ六回、慰謝料でもらったことにすれば、すべて非課税になります」という提案を平気で押し通そうとする。そんなの通るわけないことは、素人の私が考えてもわかる。

ちょうど税理士を変えたいと思っていたこともあり、その刑事さんに紹介してもらった税理士さんに頼んだ。今もお世話になっている。

これまで「税理士さんを選ぶ」ということすら知らなかった。いろいろと勉強になった。

それに、国税局に比べたら刑事のほうがよほど人間味があり、人の気持ちがわかってくれるということも身をもって知った。刑事さんはちょっとした世間話にも応じてくれる。個人差もあるだろうが、こちらの気持ちをわかろうという姿勢はあるように思う。

一方、国税局はまるでロボット。数字しか見ていない。あれではみんなに嫌われて当然だ。

ひょんなことで捕まり、十一日間の留置場。いきなりござを敷かれてその上で他の六人と一緒にご飯を食べたときは、涙をぐっと堪えた。

今思えば、それはそれでドラマのようでおもしろかった。

留置場は六人部屋で、そのほとんどは万引き容疑。

「アタシハ、ヤッテナイ」

と片言で主張する中国人が多かった。

「疑いがある」というだけで留置場は案外簡単に入れられてしまうようだ。酔っぱらいの迷惑行為なども、とりあえず「入れとけ」となる。

ある日本人の女の子は「明日から拘置所なんだ♪」と妙に明るかった。みんなも「いってらっしゃい」とか言ってるし。なぜあの状況で笑顔でいられるのかよくわからない。

世の中、いろんな人がいるものだ。悪いことをする女もたくさんいるんですね、この世の中。

中絶のこと

AVの撮影ではみんなゴムを付けている。男優は毎月一回は性病検査をしているし、女優も定期的に検査をしている。AV業界はそういった意味では安全だ。むしろ危ないのは素人。

だが、あれだけたくさんセックスしてきたが、性病はクラミジアだけ。十四歳のときイメクラで働いていて罹った。それ以降は一切ない。

中絶経験は十九歳のとき。

当時、付き合っていた彼氏がいたが、相手は実は別の男。単なる友達と浮気してできてしまった。今は絶対に浮気しないけれど、当時はしていた。若すぎた。

ノリでそのままやってしまったが、そいつがまさか中出しするとは予想外だった。ありえない。すぐに風呂場に行ってシャワーをものすごい勢いで掛け続けたが、無駄だった。

最悪だ。

中絶手術は本当につらかった。心のなかで「ごめんなさい、ごめんなさい」と謝り続けた。水子供養のお参りもした。

中出し男は、その後、ふつうに結婚して子どもができて幸せそうに暮らしている。最低男のくせに。

長らく恨んでいたが、あるとき電話で言ってやった。

「あんたのせいで、傷ついたんだよ」

「……ごめんな」

謝らせたから、まあいいか。

女性はいつまでたっても受け身だ。私の友達にも中絶経験のある子がいる。たくさん傷ついている。中出しされてアフターピルを飲んだが効かなかったという子もいる。

私は、今は避妊対策をきちんと心がけている。お母さんとは違い、結婚してくれるかどうかもわからない人とやってできちゃって一人で産むということはできない。絶対にそんなことはしたくない。産むならちゃんと結婚してから。愛する旦那さんの子どもじゃないと産みたくない。

私にとって子どもは二の次三の次なのかもしれない。まずは、結婚。旦那さんと愛のある生活を送ること。それが今の目標だ。

死のうと思ったことは三度

若いころは、「自分の命が何の価値もない」とか「生きている意味がない」とか「生まれる必要がなかった」といったことをよく考えていた。ただ「死にたい」と思うのではなく、自分が生まれてきた意味や理由をひたすら考えていた。

死ぬって、生きるよりも大変な選択だと思うし、生きたくても病気で亡くなる方もたくさんいる。一見、価値がないように見える命でも生きていく意味は絶対にあると思う。

人生は戦い。鬱も病気もひっくるめて自分との戦いだ。自分に勝つ人も負ける人もいるけど、私はどんなことでも自分に勝ちたい。

それでも、どうしても生きていくことが辛いなら、死ぬ選択も私はアリだと思っている。

私自身、これまでに死のうと思ったことは、三回ある。

まず国税局に捕まったとき。「五千万円しか残らなかったら死のう」と覚悟を決めた。お金がなくなるから辛いというよりも、それ以上に「これだけ苦労して貯めてきたのに……」という虚しさが一番、死を感じさせた。喪失感があった。

つらい現実から逃げ出すために「死にたい」と強く思ったのは、二十五歳のとき。仕事で芽が出ているけれどもなかなか花が咲かず、その上、自分がお父さんの本当の子ではないと知った。

自分はもうどこにも必要とされていないのだと思い、死にたくなった。

でも、死ねなかった。死ぬには相当な勇気がいる。自殺を実行する恐怖を乗り越えるよりも「生かされているから仕方がない」と思って生きていくほうがいい。

彼氏がカード偽造詐欺で逮捕され、一人ぼっちになったときも、孤独の寂しさから「死にたい」と思った。

あのときは、まだ若かったからお母さんに電話したら来てくれて公園で会った。ただ一緒にいて話を聞いてくれるだけでよかった。

するとお母さんがこう言った。

「あら、もうこんな時間。佐々木さんにごはん作らないと怒られるから、帰らなきゃ。じゃあね」

……娘が病みまくっているのに、やべえな、この親。

そう思ったら、目が覚めた。

お母さんがテキトーなやつでむしろよかったのかもしれない。ここで「大丈夫？　お母さんが一緒にいてあげるからね」なんていつまでも優しくされたら、どんどんおんぶにだっこになってしまう。

お母さんは親心で突き放したわけではない。単純に自分のことしか考えていない親なのだ。

おかげで自分は自分、親は親と割り切って考えることができた。

親が年を取って面倒をみるのがたいへんだ、介護問題で困っているという愚痴をよく聞くが、私の場合は、

「私は私、親は親。あなたは勝手にあなたの人生を生きてきたのだから、私は私で生きていきます」

という思いしかない。

もちろん、誕生日や年末年始には大人として「おめでとう」と楽しく話すようにしているが、家族愛とは少し違う。人としては苦手だけど、一人しかいない母なので大事にしたい。「産んでくれてありがたい」と思う。

キャバ嬢デビューを果たす

国税局に捕まったことがきっかけで、キャバクラで働くことになった。六本木の「CLUB 舞人（マイト）」。土日にAVの撮影が入ったときは金曜日は休むこともあるけれど、基本的に月曜～金曜日まで出勤。おかげさまで上位でがんばっている。

AVでは「ゆりあちゃん、ゆりあちゃん」と気を使っていただき、スタッフとはフェアな関係で撮影している。

だが、キャバクラでは私のほうがお客さんに気を使って接客しなければならないし、営業の電話をかけたり同伴やアフターなどご奉仕する時間も長い。今まではそこまでして稼ぐ必要がなかった。

私にはキャバクラは絶対向いてないと思っていたが、もうお金もない。

三億円貯めるまで買いたいものも我慢して節約の日々だったが、結局国税局であんな目にあってストレスが爆発。バーキンを揃えてしまった。

これからは初心に戻って地道に稼いでいこうと思う。

もちろんＡＶも継続中。二〇一七年六月からは四本撮影が入っている。

芸能界は、過去が暴かれ、何かあればすぐ問題になるから大変な職業。そもそも芸がないから芸能人にはなれない。

出る杭は打たれる世界。自分の首がどんどん締められていってたいへんな悩みになりそう。

やはりＡＶ女優という職業は、その後の人生に少なからず影響が出る。

彼氏にバレて結婚できなかったり、彼氏はよくても彼氏の親族が反対したり、自分の親にバレて勘当されたり。

のちのちに関わってくることなので、だからこそ中途半端ではなく「ここまでやり切ったんだから」と周囲がみんな認めるくらいにならないと、と思ってきた。

国税局が来てよかった部分もある。そうでもなければキャバクラで働こうとは思わなかっただろう。

最初は、キャバクラは無理、気を使うのが難しい……と思っていた。

十八歳からおさわりパブで働いていたけれど、それは会話で男の人を楽しませる自信がなかったから。オッパイを出してキスすれば男の人が楽しんでくれる。自分も楽しめると思って働いていた。

一度、キャバクラで二、三ヶ月アルバイトで働いてみたら、その期間は地獄というか、仕事で自分がどれだけ裸で逃げていたかを痛感。当時はお酒も強くないし会話も下手くそでどうやってお客さんと話していいかわからなかった。背中を向けられて会話もしてくれなかったお客さんもいたし、名刺をたらい回しにされたこともあった。

身体では人を楽しませることはできても会話で人を楽しまることできなかったことにとても自信が無くなった。それでＡＶにチャレンジ。

ＡＶ女優としてがんばってきて、国税の件もあり、「キャバクラはちょっと……」というトラウマも捨てようと決意した。

今こうして身体ではなく会話とお酒と楽しい素敵なキャストとお客さんと出会えて働けていることがとても嬉しい。昔の自分では考えられない。

テキーラも飲めなかった自分。テキーラを四杯飲んだら吐いていた自分。そんな自分を捨て去り強くなろうと努力してがんばってきて、テキーラもシャンパンもたくさん飲めるようになってとても嬉しい。

ここで働き出す前にお世話になった方も「ゆりあちゃん」と遊びに来てくれる。恵比寿マスカッツでお世話になった放送作家さんも何回かお店で顔を合わせた。本当にありがたい。

違う職種を経験して改めてAV女優という職業を客観的に見ると、よくまあこんなたいへんな仕事ができるなあと思ったことも意外な発見。

もちろん「里美ゆりあ」があったからこそ、キャバクラで働きやすい環境になっていることはわかっている。すべてはつながっている。

舞人の面接担当の人が面接でお酒を飲ませてくれたことや、お客さんが一人も居なくても雇ってくれたことが励みになり、がんばろうと思った。他のお店だと、面接時の第一声から「客持ってんの？」と上から目線で聞いてくる。すごく嫌な気持ちになる。

キャバクラで働くきっかけをくれたのは、国税局（キャバクラを紹介してもらったわけじゃないけど）。

DV男の雄一もいなければずっと千葉にいただろうし、親が再婚しなければずっと横浜にいただろう。

嫌なことがあってそのときはマジで最悪だけど、そののちにだいたいめちゃくちゃいいことに結びついている。これは不思議だなと思う。

だからこそ私は動き出す。そうでもなければなかなか動けない。

自分で最悪なことになるように知ってか知らずか、全力で向かって行き、何かしら変えたくて変えていってるのかも。最強のあまのじゃくかもしれない。

私の欠点は、自分で判断して見切りをつけて動くことができないところ。

「そういうもんだよ。人はなかなか違うことを始めるなんてできないよ」

と慰めてくれる人もいるけれど、相当な欠点だと思う。最悪なことが起きてから初めて動くなんて。

できれば嫌なできごとは経験したくないけれど、これは神様が与えているんじゃないかな。私はそういう星の下に生まれたらしい。

エッチをする、しない？　どちらが正解？

キャバクラと一口に言っても、新宿のキャバクラのカラーと六本木、銀座のカラーはまったく違う。新宿はキャバクラファッション誌を見てキャバ嬢に憧れて入ってきたような、若くて髪の毛の色が明るいギャルっぽい子が全体的に多め。

六本木も若いけれども、ギャルではなくお姉さんふう。新宿よりは落ち着いた雰囲気だ。銀座はもっとお姉さんが多いという印象。

それぞれの街で、お店を転々としている子も多い。理由は、そのお店のカラーが合わないから、あるいは売り上げが悪く時給下げられてしまったから、などなど。多くの店で「保証期間」を設けていて、二～三ヶ月は時給を下げられることがない。その保証期間が終わったら、別の店に行ってまた保証期間だけ働けば、ノルマとは関係なく稼ぐことができる。

だからキャバ嬢はかなり流動的で、せっかく仲良くなった女の子がやめてしまうことも多い。それは残念だなと思う。

私はまだキャバ嬢としてはひよこ。

キャバクラの仕事の難しさは、人と人とのつながりを維持しなければいけないところ。これは私にとって不得意分野で、もう働き始めて結構経つけれどもいまだに自信がない。

フリーのお客さんについたとき、連絡先を交換して、定期的に長く飲みに来てくれるお客さんになってもらうことが難しい。三十〜四十代前半くらいのお客さんが多いのだが、飲むよりもどちらかというと女の子が好きな人が多いので、何回か来店したあとはだいたい「やらせてくれ」とくる。「いつ俺と二人きりの時間をつくってくれるの？」と遠回しに口説かれることもあるし、露骨に「やらせて」と言われたこともある。

私の場合は特に、ＡＶ女優だとどこかで小耳に挟んだのか、「ゆりあです」と自己紹介して気づいたのかわからないが、最終的にはやるかやらないかの話になる。当然、タダで。

お客さんとしては、これまで何回か店に通って私の成績が上がるようにお金を使ったのだからいいだろう、という気持ち。その気持ちはわかる。わかるから、ここで、「じゃ、次にシャンパンを入れてくれればやってもいいよ」なんてことにはならない。

お店としては、客が来店して飲んでくれればいい。そのために、店以外で女の子がセックスをしようがしまいが構わない。キャバクラの難しいところはそこだ。エッチをするかしないかが女の子の判断にまかされてるのだ。

セックスすればお客さんが喜んで次も来てくれるかというとそうとは限らない。セックスできたら「この女を落とせた」と満足して終ってしまい、次の子、次の店に行ってしまうこともある。

この業界では「三ヶ月でお客さんは切れる」とよく言われている。三ヶ月間店に通ってやらせてくれなかったら、そのお客さんは切れてしまうという。

上手いキャバ嬢ならそれを巧みにかわしてずっとお店に来てもらえるようにするのだろう。あるいは、ご褒美としてやってあげて、それでもまた店に来てもらえるようにする子もいるかもしれない。

やるか、やらないか。そのジャッジが私は苦手。

中高生のときは別として、大人になってから私は「やらせてくれ」と言われてやらせたことがない。だから、どのように応えればいいのかわからない。

お店の中では、一緒にお酒を飲んでいろいろなことをしゃべって、まるでお友達のように人として好かれたような気になってしまう。それなのに、向こうはそうは思ってなかった、「やれる」と思っていたから店に来て飲んでいた、というのは少し寂しい。ＡＶ女優だからそういう目でみられてもしかたないのかもしれないけど……。

お金をもってそれなりに稼いで魅力的なお客さんが多いけれども、だからこそすぐにやる・やらないでご縁が切れてしまうのはとても残念だ。

キャバクラは拘束時間が長いことも、働いて改めて感じているところ。基本の勤務時間は、私の場合夜九時〜一時の四時間だが、同伴があったら六、七時ごろからお客さんと一緒に食事をする。

アフターは三時で帰れればベストだが、長くなると朝五時、七時となるのでたいへん。飲みたくないときに飲むお酒ほどつらいものはない。

アフターで朝まで付き合ってもタクシー代もつけてくれない人も多い。かといって「アフターは行けません」とお断りしたら、「アフター行ける子呼んで」となるので厳しい。

週五で同伴もアフターもどちらもこなしたことがあり、そのときはさすがに体が悲鳴を上げた。

おさわりパブの場合は、同伴もアフターもない。定められた勤務時間のみお客さんにサービスすればいい。「やらせろ」ということもない。お店のなかでおっぱいを舐めてキスをしているから、お客さんとしてもそれ以上求めようと思わないようだ。しかも、女の子はお酒を飲まなくても大丈夫。

そう考えると、キャバクラのほうが何倍もやることが多い。

こうした仕事を長く続けるには、要領のよさが必要になる。そうなるとどんどん人を「自分のお客さんになるか、ならないか」で見てしまう自分がいる。

自分を指名してくれたお客さんでなくても、人の懐に入るのがうまい子は席についてかわいがってもらっている。

私はそういうのも苦手で、「自分のお客さんじゃないし」とバリアを張りがち。逆に、指名になると一気に口説かれ系になってしまう。

営業LINEも、熱心な子は一日に三百件、四百件と送る。同じことを自分もできるかというとできないし、もしそれだけ送っても来てくれるお客さんがどれだけいるかといったら、たぶんいないだろう。かといってまったく営業しないわけにもいかない。

最近は、他の女の子を見てあたふたせずに、自分に合った方法で少しずつお客さんを増やしていければいいと思うようになった。外で飲んで知り合った人に、「お店で働いているんで来てください」と声をかけるほうが私に向いているみたい。

一緒にお酒を飲んで楽しんで、がんばっている私を人として応援してくれるようなお客さんを増やして、長くお付き合いをしていきたい。

石の上にも三年。やると決めたからには、このお店で長く働きたい。

お酒が好きで人と話すことも好き。仕事と割り切って、打算や効率ばかり考えるのはおもしろくない。そうなると、大好きなお酒も好きでなくなってしまいそう。私ではなくなってしまうように思う。

ＡＶの撮影と同様、長く働くなかでも新鮮な気持ちを維持するように努めたい。ＡＶでもキャバクラでも、私は楽しく働きたいのだ。

キャバ嬢はアイドル

稼ぐお金が大きいキャバ嬢は、きらびやかなものを身に着けたいという子が多い。店の女の子同士で張り合うということはないけれど、今はSNS時代。インスタグラムなどで他のお店の子やキャバクラ業界全体をつい見てしまう。

あの子、あんなものを持っている。私は持ってない。いいなあ。

小学校のときにあったような感情が湧き上がってくる。

タレントや読モがインスタグラムを派手にしたいため、借金をしてまでブランド品を買って写真を撮っていたと告白していたけれど、その気持ちよくわかる。ナチュラルじゃいられなくなる。インスタは危ない。

キャバクラという業界全体でみたときに、エルメスやハリー・ウィンストンといった高級ブランド品を持っていることはステイタス。くるくると巻いたヘアスタイル、丁寧につくりこまれた化粧。こんなすごいレストランでこんなものを食べました。海外でこんな高級ホテルに泊まりました。これもすべてステイタス。

　そうした姿を見て、若い子が「私もほしい」「私もそうなりたい」と憧れを持つようになる。

　さらに、店でお客さんにシャンパンやワインを開けてもらってブワーッと派手にやって、仕事ができる、いいお客さんに恵まれているキャバ嬢はＲＥＳＰＥＣＴされる。それだけ器量もよくて実力もあるという証しだ。

　その点は、ＡＶとは全然違う。ＡＶはきらびやかなものをつけて仕事しないし、きらびやかさに憧れるというよりも、かわいらしさに憧れることのほうが多い。

　私のイベントに来てくれたファンの女の子から、「ゆりあちゃんに憧れてＡＶ業界に入りました」と言われてとてもうれしかったけれど、それは私のキラキラした姿に憧れたわけではないと思う。

　女の子同士のお付き合いで他のキャバクラに遊びに行くこともある。他の店の女の子が自分のお客さんを連れて店に来てくれることもある。

　私は年齢が上ということもあり、年相応の物を付けて楽しみたいという思いがある。

　いいものを持っている子に対してひがむとか、ライバル視するということはなく、むしろRESPECTする気持ち。自分も女の子たちにRESPECTしてもらいたければ、女の子が好きなセンスのよいものを身に着け、仕事もできて、お客さんを呼べる人になりたい。

女の子同士のつながりがどんどん広がっていく点も、AVとは違うところかもしれない。AVは基本的には人間関係は撮影現場の中だけ。あまり横のつながりはない。だから人と話すことがあまり得意じゃない子も、AVの仕事はできる。

でも、話すことが苦手な子、お酒が苦手な子はキャバクラでは働けない。それぞれの世界はそれぞれの難しさもあり、おもしろさもある。

こうした理由から、キャバクラで働き出して出費がとても増えた。私自身、キャバクラで稼いだお金は意識的に使うようにしている。

当初の目的は国税で持って行かれたお金を取り戻すことだったけれど、働くうちに貯めるよりも、もっとキャバ嬢としての自分に投資をしたいと思うようになってきた。

三億円貯めるまで一切の贅沢を禁じていたことの反動もある。今は自分を開放している。

私の性格は、ゼロか一〇〇。五十となるとわけがわからなくなって、中途半端になってしまう。貯めるときは必死で貯める、貯めないと決めたら使う。「ほどほど」がない。それが私。

ＡＶで稼いだ金は、不思議とそういう気持ちにならない。生活のために使うか、あるいは貯める。もっと地に足がついた使い方しかできない。

キャバクラの仕事はたいへんではあるけれど、セックスはしていない。そこが大きく違う。体を使って稼いだお金は、やはりパッパッとは使えない。ＡＶは肉体労働だ。

高級ブランド品が生きていくために必要かどうかと聞かれれば必要はないし、数千万円の時計を着けることが自然か不自然かといえば不自然だけれど、キャバクラの世界ではそれが自然なことに思えてしまう。

今はキャバ嬢だから、キャバ嬢里美ゆりあをがんばりたい。やはり何歳になってもそう思えるのは嬉しいものだ。キャバ嬢としての役割を徹底的に演じたいという欲求なのかもしれない。

たぶん、主婦になったら何も身に着けないと思う。主婦としての生活に必要がないから。基本はデニムとＴシャツ。たまにラフな服を旦那さんに買ってもらえればいい。

そのときの自分の役割に応じて、自分に合う理想の姿でいたいのだ。

第四章
ゆりあが考えていること

AVの現場

AVの撮影現場はどんなところだろうと興味をお持ちの方も多いと思う。割とふつうです。ガチ仕事モードです。

「おはようございます」から始まり、着替えてガウンを着て、まずはメイク。

台本を読んでいる間に、スタッフさんが撮影現場の準備を整える。

メイクが終わったら、まずはパッケージ撮影。

「写真の衣装はこちらです、お願いします」

至って淡々としている。パッケージ撮りが終わったら昼食をとり、シャワーを浴びる。

すべて段取りができていて、毎回同じように進行する。怖い人なんて一切いない。

女性のメイクさんもいる。女優が気に入ったメイクさんを指名することもできる。話しやすいとか上手いとか、そういった理由で「また一緒にお仕事しましょう」と組む。

本番もお仕事だから淡々と進む。

痴女になってから騎乗位をすることがぐっと増えた。これはかなり体力を使う。まぐろ状態の男に対して、自分が腰を振ったりあれこれしたりして興奮させなければならない。それを毎月毎月やっているとヘトヘトになる。

それでもM女、陵辱系よりはずっと私に向いている。

痴女はペニバンを付けて男優を掘ることもある。プライベートでそういう趣味はないので、撮影でしか経験できないからおもしろい。

ただ、男優さんはガチMではない。掘ると「痛い」と言う。映像で気持ちよさそうにしているのは演技。実際はSということもある。さすがプロだよね。

私も初心者なので、「痛い」と言われてしまっては正直なところ萎えてしまう。いっそ、そこらへんのオッサンでいいからちゃんとしたM男を出演させてくれれば楽しいのに。

女優は男優さんを指名できることもある。私は特に指名したことはない。仕事なので、作品のコンセプトの男優さんであれば誰でもいいかな。

愛し合ったセックスを見せる場合は、MでもドSでもだめで、いわゆる一般の人気のある男優さんが出演することがほとんど。

私が痴女の場合は、実はふつうの男優さんはやりづらい。

「陰が薄いような、よくわからないような男優さんでお願いします」

とお願いしている。

ＡＶ業界は女優に比べて男優が圧倒的に不足している。

十五年間この業界にいてトータル二百本以上の作品に出演しているが、おそらく三十人くらいとしかやってないんじゃないかな。三ケタ、四ケタの男優とやってきたんじゃないかと思われがちだけど、そもそもそんなに男優さんはいない。大丈夫かな、と私が心配になるくらい少ない。

だから、だいたい顔見知りで、

「あ、久しぶり」

「今回もよろしくお願いします」

と、挨拶してセックスする。よく考えるとヘンなシチュエーションだ。

よく聞かれる質問が「撮影のセックスは本当に感じているんですか？」

男優さんのセックスはプロ中のプロ。的確な場所を的確に刺激してくれるので、気持ちいいことは間違いない。

それに、やるまえには必ず女優を誉めてくれるし、やってる最中の気遣い、やさしさも素晴らしい。終わったあとのフォローも完璧。手の技、腰の技、言葉の技、この三つが完璧に揃っているのは男優さんしかいないと思う。あの人たちは別格です。

それからアナルも含めてまったくの無味無臭。清潔への気配りも素人とはまったく違う。本当にプロ。

ただ、だからと言ってプライベートのセックスが物足りなくなるとか感じなくなるということはない。やっぱり不器用なところがあるのが人間らしさ。そこが愛おしくて感じてしまうことは多々ある。

男優さんのセックスは、ふつうのセックスとは別物なのだと思う。

監督さんは個性さまざま。撮るのが早く要領がいい方が個人的には好き。

総じていい人が多いけれど、困った監督もなかにはいる。撮影中に自分でしこっちゃう監督とか、ロリコンで中学生が大好きな監督とか。中学生が好きすぎて中学校の横の家を借りたという話を聞いた。どうかしているよね。

キャリアを積んだ今でも監督さんや男優さんに「エロいね」と誉めてもらえると嬉しい。

とある男優さんに「ゆりあちゃんの騎乗位はがまんできなくなるよね」と言われたことがあってとても嬉しかった。その他の男優さんたちにもよく誉めてもらった。もしかしたら女優みんなに言ってるかもしれないけど、それでも嬉しい。

年を重ねるにつれて体力が衰えるのと同時に、仕事に慣れてきてしまって刺激がどんどん目減りしてきた。

きっと女優さんの多くが同意してくれると思うけど、仕事に対する新鮮さがなくなってきてしまう。プレイの内容もそうだし、撮影そのものに対しても「ああ、また撮影か」と思ってしまう。

興奮しなければいけない仕事なのに、心から興奮できないのだ。

二〇一七年の前半は半年間お休みをいただいたので、撮影を再開したら少しだけ新しい気持ちでできるんじゃないかな。

「今後は二ヶ月に一本にしてほしい」と伝えたら承諾してもらえた。プロダクションの人たちはやさしい。

新鮮な気持ちで、自分が見ても興奮してしまうような作品をお届けしたいな。

痴女もつらいよ

陵辱系よりも痴女のほうが私に合っていると書いたけれども、痴女は痴女で苦労もある。

たとえば、騎乗位。ふつうの騎乗位のほかにも背面騎乗位や、男優さんを立たせて私が足を上げて腰を振るスタイルなどいろいろあり、自分が気持ちよくなるのではなく男優さんを気持ちよくさせなければならないので、何より体力勝負。

朝から晩まで十五時間、お昼休憩三十分のみでずっと騎乗位ということもザラ。だんだん太ももがブルブルしてきて、富士山から下山するときの太ももみたい。富士山に登ったとき、あれも辛かったけど。

月曜から金曜まではキャバクラでお酒を飲んで疲れているので、たいへん。

今のメーカーさんは二日間に分けて撮影するので比較的まだ楽なほうかもしれない。

これまではすべて一日で撮影していたから。

メーカーさんによっては、一から百まですべて段取りが決まっており、その通りに演じなければならないこともある。キスして、こっちの乳首なめてから、耳をなめて、顔なめてと言われて「えーっ」と思うけどそれもやって、鼻の穴をなめて、あごをなめて、いきなりちんこにいかないで、体位も最初騎乗位、背面、座位、バック、立ちバックからの最後正常位で発射。

これすべて頭に入れなければならない。入れなければならないのだけど、編集できるのを知っているので「あれ、次なんだっけ?」と言ってしまうことも。

場所もスタジオのありとあらゆるところを使う。イス、テーブル、壁、ベッド……使えるものをすべて使う。

男優さんは横に寝ていてされるがまま。男優も女優も一人でやらなければならないのが痴女なのだ。

監督によっても、プロデューサーによって、メーカーさんによっても雰囲気は結構変わってくる。今のメーカーさんはアットホームな雰囲気のメーカーさんで、ひとりの女の子のよさを引き出そうとしてくれるように感じる。

パッケージの写真も二日間に分けて二時間半ずつ、合計五時間も撮影する。パッケージ一枚のために。写真を選ぶ人はすごいですよね。

意外と知られていないけれど、パッケージ撮影も結構難しい。特に振り返りのポーズはすごくたいへん。お尻と顔を正面に向けなければならないのだ。

撮影は、眠さとの葛藤もある。キャバクラで働いている関係で、まっすぐ帰ってめちゃくちゃ早く寝られたとしても夜中の三時。遅いときは五時、七時と朝寝ることになる。昼夜逆転の生活。

撮影があるときは、朝六時起きでマネージャーが七時に迎えにくる。二時間睡眠もざら。それから十五時間の撮影。

撮影前はキャバクラの仕事を十二時に上がらせてもらうこともあった。そうすると一時には寝られるので余裕ができるけれど、朝六時に起きなきゃというプレッシャーからかなかなか眠れない。

睡眠導入薬を飲むという手もあるけれど、ドラッグストアで売っているくらいのものでは全然効かなかった。処方してもらうことも考えたけれど、今まで飲んだことがないので怖い。睡眠不足も困るけれどまったく起きられなかったり、撮影のときにボンヤリしてしまうようでは仕事にならない。

それならもう眠れないなら仕方ない、と最近は三、四時間くらいの睡眠時間で撮影に行ったり、キャバクラに行ったりすることも多い。

一度、撮影中にあまりに眠くて、マネージャーにわさびを買ってきてもらったことがあった。わさびを舐めると、その辛さに「あーっ」と目が覚める。しかし、「あーっ」と叫ぶほうに体力を使ってしまい、目が覚めるのは一瞬だけ。余計眠くなってしまった。

キャバクラとAVの両立はたいへんだけれど、二つの仕事を平行して一生懸命取り組むことで、キャバクラの仕事もAVの仕事も新鮮な気持ちでできるように思う。私の場合はこれが合っている。

痴女についても同じ。痴女は痴女でずっとやりつづけたら、ときどきMやりたくなる。あっちに行ったりこっちに行ったりするほうがメリハリが付いて楽しい。

里美ゆりあとしてデビューして長らく私に合う作品を撮ってくれていたけれど、最近はシリーズものが増えてきている。売れてるシリーズにはまっちゃったほうが、作品として買う人もいれば好きな女優が出ているからと買う人もいて、相乗効果で売りやすいようだ。

私に合う作品を撮ってもらうことはとてもうれしいし、それがデビュー時からの夢だったけれど、もうその夢も叶ったたし、ずっと痴女を演じ続けるのも体力的にもつらい年齢になってきたこともあり、今はシリーズものに出ることについては納得している。

ＡＶ女優としてのスタイル維持法については、そんなに特別なことはしていないかな。一時期、アフターも断り睡眠時間も削って体に鞭打つようにして週三、四回ジムに通っていた時期もあったけれど、それって健康にいいの？　と疑問になったので、今は運動は月二回程度。そのくらいでちょうどいいみたい。

ＡＶ強要問題に対する私の考え

若い女性がＡＶに無理やり出演させられるという被害が社会問題化している。

私の経験では、無理やり出演させられるということは一切なかった。強面の男が出てきて、契約がどうのこうのと脅迫されて無理やりやられてしまう、なんていつの時代？　と思ってしまう。

だから、正直なところこの問題についてはわからないので、不用意な発言は避けたい。

でも……、実は告発した女優さんと共演したことがあって。そのとき彼女はとても明るく、「よろしくお願いします。ゆりあさんと会えてうれしいです」なんて言っていた。

本当に嫌で出演させられたら、あんな雰囲気ではなかったはず。ちょっと不思議。


撮影にあたっては、毎回、監督とプロデューサー、マネージャー、女優が対面して事前にきちんと打ち合わせをする。「今回はこんな作品でこういうプレイをします」とそのときに知らされる。よほど意にそわない内容であれば、そのときに断るしかない。

撮影当日にその内容から大きくずれることはまずない。

ただ、私にも最悪のケースが二本だけあった。

撮影中にいきなりドッキリを仕掛けられてアナルに入れられそうになった。この作品はアナルはなしだったはず。話が違う。

男優さんが無理やり入れようとしてくる。カメラは回っている。ここで私が本気で「やめて！」と叫んだら、この男優さんに迷惑がかかってしまうだろう。でも、こんな話は聞いていない。どうしたらいいの……。

驚き戸惑っているうちに、突如涙があふれてきてしまった。本当に怖かったのだ。

前代未聞のトラブルに、後日事務所社長が出てきて、ドッキリを仕掛けた監督は事務所全体でNG、金輪際お付き合いしないことに。謝罪してもらい、ギャラもプラス十万円となった。

私はこういう性格なので、「たった十万か……」とは思ったが、まあ謝ってもらったしいいか、と水に流した。

もう一つのケースは、精液を五人分、五回飲むという内容で承諾した作品。当日いきなり二十回に変更になった。これもまったく聞いてなかったので泣いてしまい、無理やり飲まされたためゲロを吐いてしまった。それで急遽ゴックンものは取りやめとなり、口に入れてだらだら流して終わりということになった。

二百本も出演していれば、トラブルがまったくなかったとは言わない。だが、この二本しかない。

告発した子の話を直接聞いたわけではないので真実はわからないが、もしかしたらこうしたトラブルがあったのかもしれない。

私もあのとき「話が違う内容で撮影を強要させられた」と訴えれば、損害賠償金が取れたのだろうか。

だけど訴えたらメーカーさんに迷惑がかかるし、敵が増える。済んだことはしょうがない、ギャラに上乗せしてもらえるなら別にいいと思えるタイプだからここまでできたのかも。

ストップ！　クスリ&不倫

ＡＶ女優という職業がらか、キャバ嬢として六本木で働いているせいか、クスリ問題を疑われることもあるし意見を求められることもある。

そんな誘惑は一切ない。もう誘惑される年じゃないので……。

確かに、十代のころは誘惑しかなかった。クスリをやっている子も周りにはたくさんいた。ハマってたいへんなことになって、抜け出したくても抜け出せない様子を見て、私は絶対にやりたくないと思った。

私からすると、クスリは弱い人がやるものだと思う。本人に責任がある。

そういえば二十歳くらいのころ、川崎のお父さんが、

「クスリだけはやるなよ」

と言っていた。酒もタバコも夜の仕事もAVも、なんでも十代のころから許してくれて支えてきてくれたお父さんがなぜそんなことを言ったのだろう。恐ろしくて理由は聞けなかった（笑）。

私の印象だと、セックス、ギャンブル、夜の世界……遅咲きになればなるほど深みにハマってしまっているように見える。お金を持つこともそう。若いころに免疫が一切ないから、大人になって出会うとハマりやすいのかも。

私の場合、セックスや夜遊びを覚えたのがめちゃくちゃ早く、同時にクスリを使っている子も若いうちにたびたび目にしてきた。だから、二十歳過ぎるころには「もう今さら……」という気持ち。

若いうちは、経験して失敗してもやり直しがきく。

川崎のお父さんはなんでも許してくれた。私のようなフラフラして隙だらけの女の子は、ある程度は経験させて自分でこれはだめだと身をもってわからせてあげることが必要だと考えたのかもしれない。私もそのほうがいいと思う。

若者に失敗させまいとなんでも事前に食い止めようとしてがんばっている大人たちもいるけど、私が十代だったころにそういう親切な大人たちに出会っていたらウザがっていたと思う。

失敗してこそわかる痛みがあるから。

ただ、こちらから助けを求めたとき、ここぞというときに、川崎のお父さんが助けてくれたことには心から感謝している。ＤＶ男の雄一に殺されそうになったとき、川崎のお父さんがいなかったら私はどこに行ってたのだろうと、今でも思うことがある。

若者を利用する大人たちがこれだけウジャウジャいるなかで、助けようと動いてくれる大人が一人でもいたのはよかった。そういう意味では恵まれていた。

「失敗してわかる痛みがある」と書いたけれども、手を出したことがないのがギャンブル。パチンコ店での営業をさせていただく機会があるのだけど、「これハマったらどうしよう」と思いつつ、いまだハマっていない。だから、ギャンブルで苦しんでいる人がいても、ちゃんとアドバイスはできないように思う。

不倫もしたことがないのでなんとも言えない。経験してないからこそ「やめたほうがいいよ」と簡単には言えない。

「やめたほうがいいよ」ってナンセンスな答えだよね。「やめたほうがいいよ」って、誰にでも何にでも言える言葉。なんのアドバイスにもなっていない。自分が言われるのも嫌だし、人に言うのも嫌。

不倫している友達がいたら、「やめたほうがいいよ」と思わず言いたくなるけれど、自分がしたことがないからいい面も悪い面もわからない。

ただ、不倫は自分も傷つくし、自分の旦那さんや相手の奥さんも傷つくから誰も幸せにならないと思うのだけど……。

私はハッピーになりたい。

もちろん幸せの価値観はいろいろあるし、どんな行動を取ろうと本人の自由ではある。「二番目がいい、二番目のほうが愛してくれる」と信じている子もいる。

私は絶対に一番がいい。

でも、将来自分も結婚して子供ができたとき、旦那さんが抱いてくれなくなったら寂しさから他の男性に……ということも現実的にあり得るかもしれない。未来に「絶対」はないことだから。

女を売るという仕事

「なぜAV女優になったの？」と聞かれることが多い。「自分の居場所がほしかったから」と答えている。

私自身は「AV女優で何が悪い」と思う。

だいたい昼間のラブホテルを見てくださいよ。男も女も、普通の人でも裸になっている人はなっている。

結局、誰も人のことをいいとか悪いとか言えないのだ。

オフィス街を歩いているサラリーマンだって、ロリコンだったり、ヘンな人はたくさんいる。他人に迷惑をかけないで、自分ひとりで完結してほしい。

ハプニングバーも怖くて行けない。

私、言っちゃやなんですけど明るいエロが好き。「今日、やろー♪」という感じで楽しくセックスしたい。

乱交パーティやハプニングバーはガチ感があって、陰湿なエロを感じて笑えない。

それこそ「昨日、ハプバー行って楽しかった♪」とさらけ出せばいいと思う。

本題の女を売る職業について。

女を売る仕事は古くから世界中に存在する。なかったら世界が成り立たないくらい。

いまやテレビに出ている子もいるし、有名人とウワサになる子も多い。それだけ認められているということ。すごいなと思う。

それに、女を売るという意味ではＡＶ女優もキャバ嬢も、普通のドラマや映画の女優だって同じこと。働いている立場としては、ＡＶだからどうというのは特に思わない。

だが、一般の人の間では、ＡＶ女優に対するある種の軽蔑のようなものがないと社会が崩れてしまうのではないか。

今はごく普通の学生の子やＯＬさんがアルバイト感覚でＡＶに参入してきているけれど、それはどうなんだろう。ウラの芸能界というか、あくまで人目につかないところでやることではあると考えている。

もし娘がいたら絶対やってほしくないとも思う。私自身はやってよかったと思っているけど、おすすめはしない。

理由のひとつは、病んじゃう子が多いから。もうひとつは、精神的にも体力的にも負担が大きい仕事だから。「どうしてもやりたい、ここでがんばりたい」と言われたらしょうがないけど。

病む子が多いのはなぜだろう。

私自身は、思ったようにうまく演技ができなくて泣いてしまったり、有名になりたくてもなかなかなれずに悩んだりしたことはあったが、ＡＶ業界そのものにショックを受けて悩んだりしたことはなかった。

未だに人前であそこをさらけ出すのは恥ずかしいけれど、ひとがらみ終わって見せたら恥ずかしさは消える。

セックスしているところを監督やたくさんのスタッフさんが見ている前で撮影するのは慣れるまでにちょっと時間がかかったが、今は監督やスタッフさんがいてカメラがある方が仕事として安心できて気持ちよくなれる。

ＡＶデビューはまったくもってスムーズな流れすぎて、逆にびっくりだ。

ただ、確かに陵辱《りょうじょく》系の仕事ばかりのときはつらかった。できれば、やりたくないと思っていた。

でも、それはどんな仕事でもあること。芸能人でもサラリーマンでもあると思う。みんなやりたくないこともやってるんだよね、きっと。

若いときは、たいてい一回は病む。病むくらいそのことに対して一生懸命だから。それで仕事を蹴ってしまうくらいになると周りに迷惑がかかる。私はどんなに病んでもはいつくばってきた。仕事に行けなくなるほど病んだことはないので、その心の内はわからない。

女優によって出演作品の内容がまったく違うし、どの程度でつらいと感じるかも人それぞれなので一概には言えないが、あんまりいい子がやっちゃだめな職業のような気がする。ふつうの女の子がやる仕事ではない。どこかで割り切れて笑いながらできる子じゃないと無理なのでは。

アルバイトとしてAVを選ぶのであれば、免疫をつけてから行ったほうがいいんじゃないかな。いきなり脱いで仕事をすることに抵抗がないのか、逆に私が聞きたいくらい。

どんどん若くて新しい子が増えているが、三年四年で消えてしまう子も多い。「〇〇万円貯めたら辞める」とお金のためだけに働いている子も多い。

私はそのなかでも名前が残る女優になれたらいいな。

「ああ、そんな女優さんいたよね」

「あのときよく見たな」

「お世話になりました」

と思い出してもらえる、記憶に残る女優になりたい。そうなれる可能性のある素晴らしい職業だ。

中学生の時に憧れていた先輩がAVビデオを持っていたのを見て「私も女優になるね」と約束した思い出がある。大人の色気ある女優さんの作品を見たときに憧れたこともあった。

女性のファンから「憧れています」と言われるとやはりうれしいし、自分の作品を作ることができるのは、純粋にすごいと思う。

私のAV人生は苦労してやっとここまでたどり着いた。なめんなよ。

誰も傷つかないセックスって？

有名スポーツ選手や誰もが知るような芸能人とセックスしたことがある。たまたま六本木で遊んでいたら意気投合してそのまま……ということもあるし、活躍中の某アイドルともセフレみたいな感じで四、五回会ってセックスした。

私自身はあまりセフレを作るのは好きではないし、芸能人にも興味がない。特にお笑い芸人さんとはプライベートでセックスしたくない。仕事だったらやるけれど。

お笑いの人は番組に出演するとあからさまに電話番号を聞いてきたり「やらせて」と口説いてきたりする。でも、お笑いが好きだから、お笑いの人は性の対象に見られない。

超大物の方にお誘いされたこともあるが、「あんな天才の人とはセックスできない」とお断りしてしまった。

そのあと共演する機会があったので、もしあのときしていたら番組でももっとおもしろく絡めたかもしれない。

やっぱりお笑いの方は素敵な方が多く、セックスなしのお友達として、ぜひ飲みに行きたい。

私ももう十三歳の感覚ではないので、誰彼構わずやることはない。ようやく「この人とはやりたい」「この人とは嫌」と選べるようになった。大人になったなあ。

キャバクラのお客さんも「やりたい、やりたい」と言うけれど、「やりたいならやりたいと思わせるようにして」と思う。昔だったらお願いされたら絶対断らなかったのに。


かつては「やられてた」作品が多かったけれど、痴女になってからはプライベートでも自分から獲物を探すように、セックス観が百八十度切り替わった。

そこからはセックスで傷つくこともなくなり、「やらせる」のではなく「自分がやりたいからやる」。セックスがますます楽しくなってきた。

逆にもうやり捨てするくらいのつもり。男に対しての仕返しみたいなものだけど、そうは言ってもそれで傷つく人は誰もいない。

「やらせて」と言われても、私がやりたいと思わないとやらない。しかも大人の男性はあまり興味がない。

大人の男性とやった日には、やれ遊ばれただの、もう一回やらせてほしいだの、湿っぽい男と女になりがちだ。

誰も傷つかないセックスはどういうものだろうと考え、「年下しかない」という答えに行き着いた。それも二つ三つ程度ではなく、社会に出ていない子。

ただの好奇心ではなく、自ら難しいミッションを実行することに意味があると以前は思っていた。

彼氏がいないときだったので、童貞や大学生、人生まだ何もわからないピュアな男の子たちとやった。

これからの男の子とやるのは、誰も傷つかない。擦り傷にもならない。

「童貞は一回やったら溺れてだめになっちゃうのではないか」と言われることがあるが、そんなことはない。一回やったらそれだけ。

逆に向こうがおかわりしない。おかわりするような図々しい子は選んでいない。勉強をがんばっているような、頭のいい子ばかり。潔い。

チャラくて「またやらしてよ〜」なんて言う生意気な子とはやらない。

ほどんど先生のような状態。まんこの説明から始まって、ここを触るんだよ、ここが感じるんだよ。

終わったら「ありがとうございました」「いい経験になりました」と巣立っていく。やり捨てて感謝されるんです。素晴らしいでしょ？

ＡＶの卒業

もともとお金のために始めたＡＶの仕事。やがて「有名になりたい」という気持ちに変わり、それが満たされた今は、ちょっと燃え尽き症候群になっているところがあるかも。

これからは、応援してくれるファンの方々のためにがんばろうと思う。もちろん少しずつ貯金もしながら。

「有名になる」という目標を叶えるのに、十年かかった。

時間は思った以上にかかった。それでも夢が叶えられたその理由はごく単純なことで、この業界にずっと居続けたから。それに尽きる。上に立っている女優さんたちがどんどん卒業していく。そうすると必然的に自分が上がっていくことができた。

次の目標は結婚。結婚が幸せかどうかはわからないけれど、結婚したい。家族で食卓を囲む経験をしたことがないので、それが今いちばんの夢。

そのために来年の半ばくらいにはＡＶを辞めることになると思う。

契約しているメーカーさんが、今のところ二社しかないというのも理由のひとつ。残りあと七〜八本ほど撮り終えたら、引退作としてすべての契約が終了する予定になっている。

ずっと注目され続けたいという思いはない。もう表に出る仕事に未練はない。

もう三十路。ＡＶ卒業のタイミングで結婚できたら嬉しいな。仕事がなくなったから辞めるという形になるのは嫌なので、次の人生に進むために、ＡＶを卒業して結婚したい。

今はいろいろな男性からのお誘いがある。キャバクラのお客さん、タレント、著名人、飲み仲間……たくさんの素敵な出会いがある。残念ながら（笑）、ＡＶの現場には出会いがない。監督さんと結婚する女優もいるけれど、私にとっては考えられないなあ。男優さんもないと思う。

結婚して子どもができても、お父さんが職場で一生懸命セックスして、なんなら浮気相手ともセックスして、家に帰って私とセックスするって考えたら、ちょっと私には無理かな。体力はすごいなと尊敬するけれども。

子どものころから愛に飢えて生きてきたので愛はほしいけれど、もう「ちょうだい、ちょうだい」と一方的にほしがる女ではなくなった。今は落ち着いた気持ち。

第二の人生は、旦那さんがいて生活が安定して、その上でゆっくりと自分のペースで昼間の仕事をしていきたい。

今までお金を稼いで貯めることでいっぱいいっぱいだったので、ちょっとゆっくりカフェで働いてみたいなと思う。

私の人生は苦労の星らしい。だからカフェで働けるくらいゆっくりできるかどうかわからない。これからも何かしら苦労はしそうな気はしている。でも、それは覚悟の上。

もし子どもができたら、私とお父さん揃った家庭で育てたい。もちろん親がなくてもすくすく育っていく子もいるし、自分がそうだったから子どもも絶対大丈夫と思うけれど、親の愛が得られない寂しさから、私のように男性関係でなにかしら苦労したり、風俗に行ったり、そういう女性が確率的に多いように思う。

十代は心が休まるときがなかった。今若い子を見ても、絶対うらやましいとか戻りたいとか思わない。今、十代に戻ったら死んでしまう。

三十代がいちばんおもしろい。いろんなことから解放されて今はとても自由、なんて平和なんだという気持ちです。

幸せになりたい

人生、女のほうがたいへんだ。女でいることがたいへん。

なぜ女に生まれたんだろう。男に生まれたかったたって、ずっと考えてた。

「男は四十から」とよく聞くから、オバサンになるよりオッサンのほうがいい。四十になったら男性ホルモンを打って男になろうかな。

男のほうがどう考えたって人生楽しい。

男は「第二の人生」が定年後から始まる。女は第二の人生としてまず先に結婚がくる。結婚のタイミングなどをいちいち考えなければならないので、やりたいこともやれずちょっと遠慮して生きているところがあるし、やれることの範囲も狭まっている。

最悪、離婚になったらさらにたいへんだ。

時代は変わってきているとはいえ、男は浮気をしても「男は浮気するもの」と世間に認められているけれど、女が浮気すると「もってのほか」と言われる。男のほうが許されることが多い。

女でよかったと思ったのは、やっぱりクリトリスが付いていることくらい。男においしいものを食べさせてもらったなんていうのは、くだらない。クリトリスでもイケるっていうのも、女の特権。

外見だって、女は年を取ると「オバサン、オバサン」と呼ばれて男から女扱いされなくなるけど、男だってオジサンになる。でも、オジサンは「男はいいんだ」と言い訳する。きれいでいることに性別は関係ないのに。

いくつになってもきれいでいれるように努力は怠りたくない。

出産だけは、女でないとできない。まだ産んでないからわからないが、そのときじゃないかな。女でよかった、としみじみ思うのは。子どもができたら、いろんなカルマから脱することができると思う。

それ以外は、男であってもできることだ。

キャバ嬢もＡＶ女優もＯＬさんも、ひとりの女性として扱ってほしい。ちゃんと人として見てもらいたい。


これだけ歴代の彼氏にひどい目にあってきて、不思議と男はみんな嫌だという気持ちにはならない。男は絶対浮気する生き物だとは思う。それでも、いい人と出会いたい、いい人と結婚したいという欲は尽きない。

たぶん、結婚して万が一離婚したとしても、懲りずに再婚する相手を探すと思う。出会いって素晴らしいもの。恋しているときってすごくハッピー。

私は欲深い。今、ボクサーパンツのプロデュースをさせていただいているが、ブランド名を「greedy」＝貪欲という言葉にした。私らしくてすごいいいなと思って。

どんなに男の人に裏切られても、男の人を信じている。「男の人はどうせ……」とは思うけど、「でも浮気をしない人がどこかにいるはず」と信じたい。夢を見たい。

ただひとつ懸念することは、女の人がお金を持つと偉そうになってしまうということ。自分がお金を持っていると、おごってもらっても「それくらい私だって払える」とつい思ってしまう。「やらせて」なんて言われた日には、「それくらいおごったくらいで何言ってんの？」という気持ちになってしまう。そこは改めないと。

そんなにお金を持たないほうが男の人に感謝をして素直に甘えられるような気がする。ごはんをおごってもらったら、今日は肩を揉んであげようかなとやさしい気持ちになれる。

女一人、裸で生きてきた。

振り返って男に溺れてさんざんな目に遭ったけれど、今になってみれば人間らしいなと思う。悔しい思いも含めていろいろ感じてきて、その感情が今私の糧になっている。

子どものころは「生きてるな」という感覚が毎日あった気がする。自由がほしくて自由に憧れて、大人に憧れて、世の中に反抗して、それが楽しくて。法律なんて自分で決めるんだと思っていた。どれだけ反抗してたんだという話だけど。

今ようやくだめなものはだめってわかった。やっと今！

それで、大人になった今になってわかったことは、大人になってもチャラチャラしている人はたくさんいるということ。何もわかってない人たちはいっぱいいるということ。私は性に目覚めるのが早かった。子どものころにオナニーの快感を味わって、性に対する好奇心が強かった。

小学生のときに、「私はきっとレールに敷かれた人生を歩まない」と気づいて、その時点で〝ふつう〟のＯＬになるとは考えられなかった。おさわりパブもＡＶも自分の好奇心がこうさせているとしか思えない。ごく自然な流れ。

親が教育熱心できちんと筋道をつくってくれるような人だったら、こんな人生じゃなかったかもしれない。片親だったし、時代も時代で周りに流されるように悪いことをやって作り上げられた自分。

両方親がいたらどうだったか……なんて、もしも話をしてもしょうがない。この環境が現実であり、それが運命だから。あとは自分で幸せを切り開いていかなければならない。神様はずいぶんな試練を与えてくれたよね。

私も弱い人間だから今でも強いとは言えない。まだまだ弱い。でも強くなりたいと思って生きてる。

幸せには人一倍憧れがある。でも、自分は幸せにはなれないとずっと思っていた。がんばっても裏切られ、不幸なことが続いて、自分は幸せになっちゃいけないものだと思っていた。幸せを夢見る権利さえないのだと諦めかけていた。

ようやく三十歳を過ぎたころ毎日が幸せだと感じられるようになった。

今でも「私は幸せになっちゃいけないんじゃないか」という不安がまったくないと言ったら嘘になる。少し心が震えることもある。

でも、幸せになりたい。私には幸せになる権利がある。もちろん、みんなも誰にでもある。どんなに辛くても生きていくしかない。前を向いてみんながんばろう。

今の私がいるのも全国、全世界で応援してくれるファンのみなさんのお陰。最初は撮影会をしても一人のお客さんしか来なかった。

その時に来てくれた方は今でも応援し続けてくれて、今は困った時に相談できる人になってくれている。

そういう心を開ける人たちも今はすごく多くて、みんなやさしくてファンの方たち同士が仲良くなってくれてとてもうれしく思う。

温かい人たちのお陰でここまで来られたのだから、これから私は何を恩返しできるんだろう。自分ができることはなんだろう。

応援してくれるファンや舞人のお客さんたちが楽しんでもらえるように、まず私が楽しまなきゃ（笑）。なんてね。

冗談はさておき本当に心から感謝しています。

破天荒の私をいつも支えてくれて本当にありがとうございます。

あとがき

高須　基仁

里美ゆりあを見て思うことがある。マリリン・モンローのことである。

私たち団塊世代においてマリリン・モンローは追体験であり、現実のものではないようなところがある。むしろ、そのあとに出てきたアン＝マーグレットのようなおちゃっぴーな女性を我々の世代は贔屓にした。グラマラスなピンナップガールよりも、スレンダーで明朗快活な女性を好んだ。

里美ゆりあを見たとき、モンローはこんな女性だったのではないかと思った。自分の持っている女としての武器をすべて繰り出して、子どものときから男の目線を高いアンテナで確実に理解してきた。モンローもまた、生まれ持った肉体をいかに男の目線に耐えさせ、男が生唾をゴクリと飲み込むような肉体として磨き上げるかを考え抜いた。そして、子どものころから肉体を武器に金を稼いでステップアップを図り、とどのつまりはジョン・F・

ケネディ大統領を籠絡した。

しかし、三十路半ばを過ぎた最晩年、自分の衰えゆく肉体の時を止める作業にくたびれ果てたモンローは、薬物に依存するようになり、事故や陰謀説がささやかれているが結果的に自ら命を断つことになってしまった。十代から四半世紀にわたる、肉体を武器とする武器商人のセルフプロデュースに極端な疲労感を覚えたのであろう。

だが、里美ゆりあからは疲労感と脱力感はまったく感じられない。彼女はまだイケイケだ。攻撃的な生き方を変えようとはしていない。

国税局に一億七千万円をとられても、さまざまな男遍歴があったとしても、武器はさびついていない。自らを客体化して、肉体という武器を完璧に磨き上げ、まだまだ戦闘態勢にある。ここに米国女性と日本女性の差があるように思う。日本の女は我慢強いのだ。

里美ゆりあが我々と同じように団塊世代になったとき、すなわちババアになったときの姿を見てみたい。きっと変わらないだろうな。

モンローは途中で疲れた。里美ゆりあは何歳になろうとも最後まで生き抜いていくと思う。

マネーとセックスに対しての憧憬と恐れおののくほどの鋭い感覚があるが、権力に対しては淡白である。だから消耗しないのかもしれない。
清流に魚は棲まないというが、彼女からは西瓜と鮎の香りがする。妙に清流が似合う。

■資料編　里美ゆりあ出演作品全タイトルリスト　（〈〉内はメーカー名）

【二〇〇八年】

NEW ARRIVAL　里美ゆりあ　〈痴女ヘブン〉

【二〇〇九年】

濃厚ナマナマSEX　里美ゆりあ　〈痴女ヘブン〉
綺麗なお姉さんは精子がお好き　里美ゆりあ　〈痴女ヘブン〉
やっぱり制服OLが好き！　里美ゆりあ　〈痴女ヘブン〉
美女ナースが僕を狙ってる！　里美ゆりあ　〈痴女ヘブン〉
密着性交ホテル　里美ゆりあ　〈痴女ヘブン〉
美の共演　橘れもん&里美ゆりあ　〈痴女ヘブン〉
ザーメン感謝祭　里美ゆりあ　〈痴女ヘブン〉
ザーメンおねだりビンビン学園　里美ゆりあ&あゆむ&小桜沙樹　〈痴女ヘブン〉
美しいオンナの美しいセックス総集編　08年12月～09年5月　4時間　50TITLE　〈痴女ヘブン〉
素人のザーメンを欲しがる痴女。男の潮を吹かせる淫女。
　男を責める快楽に目覚めた女豹。　里美ゆりあ　〈痴女ヘブン〉
美　FUCK大全集―淫らな女は美しい。―　〈痴女ヘブン〉
ゆりあは僕だけのもの　里美ゆりあ　〈痴女ヘブン〉
BEST of 美 BODY ～美しすぎる淫乱 BODY 13人～　〈痴女ヘブン〉

憧れのキス魔お姉さんに襲われた！　里美ゆりあ　〈痴女ヘブン〉
BEST of 美 FACE ～美しい顔にはザーメンが似合う！～　〈痴女ヘブン〉
尻痴女 ～尻でザーメン絞り出す女～　里美ゆりあ　〈痴女ヘブン〉

【二〇一〇年】

美 FIRST ANNIVERSARY THE VERY BEST OF 美女 PERFECT COLLECTION　〈痴女ヘブン〉
気が遠くなるまでクリを弄っちゃうの！　里美ゆりあ　〈痴女ヘブン〉
美フェラチオ大全集―ＳＥＸより気持ちいいフェラチオ　〈痴女ヘブン〉
QUEEN OF 痴女 里美ゆりあ ＢＥＳＴ　〈痴女ヘブン〉
ボクの家に失禁痴女が来た！　里美ゆりあ　〈痴女ヘブン〉
２００９年完全総集編　〈痴女ヘブン〉
ゆりあ先生のディープスロート教室　里美ゆりあ　〈痴女ヘブン〉
誰もが受けたい誘惑授業 美女教師達の性教育　〈痴女ヘブン〉
淫語で射こう!! 里美ゆりあが貴方のオナニーお手伝い　〈痴女ヘブン〉
部下に虐められたいマゾ社長　里美ゆりあ　〈痴女ヘブン〉
デカチン狂　里美ゆりあ　〈痴女ヘブン〉
ところ構わず男に乗っちゃう！ 馬乗り女たち53人４時間　〈痴女ヘブン〉
手コキナースの強制射精 × チンポ潮吹かせ看護　里美ゆりあ　〈痴女ヘブン〉
止まらない性欲！　チンポだけでは物足りない美淫女たちのディルドオナニー！　〈痴女ヘブン〉
ＳＥＸよりもいやらしい接吻 ＢＥＳＴ ４時間　〈痴女ヘブン〉

飲ませてザーメン！～精飲痴女は濃厚精子がお好き～　里美ゆりあ　〈痴女ヘブン〉
夢の共演×解禁 接吻レズビアン　里美ゆりあ　芦名未帆　〈ムーディーズ〉
ザーメンベストの金字塔 ザーメン大好き２０００発 24時間　〈ROOKIE〉
マンコが疼く！ 痴女たちの猛烈オナニーＢＥＳＴ ４時間　〈痴女ヘブン〉
QUEEN OF 痴女　里美ゆりあＢＥＳＴ vol.2　〈痴女ヘブン〉
美２０１０年上半期総集編　〈痴女ヘブン〉
美しいＯＬの下品なガニ股ＳＥＸ　里美ゆりあ　〈痴女ヘブン〉
働く大人の女たち―綺麗なお姉さんに犯されたい　〈痴女ヘブン〉
美フェラチオ大全集 vol.2―肉棒を舐め回す濃厚フェラ―　〈痴女ヘブン〉
里美ゆりあ2周年ファン感謝祭 最後にファンのみんなと一泊二日温泉旅行20人と大乱交26発射　〈痴女ヘブン〉
電撃移籍!!　里美ゆりあ　〈ムーディーズ〉
特選女優20選 SPECIAL ６時間　〈痴女ヘブン〉
絶頂と潮吹き厳選50人　〈痴女ヘブン〉

【二〇一一年】
早漏改善プロジェクト　里美ゆりあ　〈ムーディーズ〉
美２周年記念 美女 COMPLETECOLLECTION 114TITLE ８時間　〈痴女ヘブン〉
夫に売られた奴隷人妻　里美ゆりあ　〈ムーディーズ〉
特選痴女50人　〈痴女ヘブン〉
QUEEN OF 痴女 里美ゆりあＢＥＳＴ Vol.3　〈痴女ヘブン〉

できる女のフェラチオ出世術　里美ゆりあ　〈ムーディーズ〉
究極のクビレた肉体　〈痴女ヘブン〉
里美ゆりあの濃厚な接吻とＳＥＸ　〈アイデアポケット〉
特選レズビアン27人４時間　〈ムーディーズ〉
淫乱なオナニードスケベ80人16時間　〈ROOKIE〉
２０１０年完全総集編　〈痴女ヘブン〉
DIGITAL CHANNEL　里美ゆりあ　〈アイデアポケット〉
コスパーティー48通り４８０分　〈ROOKIE〉
官能的・接吻ＦＵＣＫ―美の接吻、全て見せます―　〈痴女ヘブン〉
綺麗なお姉さんに犯されたい―女教師のふしだらな日常ＳＥＸ―　〈痴女ヘブン〉
見つめ合って感じ合う情熱ＳＥＸ　里美ゆりあ　〈アイデアポケット〉
馬乗り騎乗位！　16時間　〈ROOKIE〉
特選美人ＳＥＸ完全網羅８時間　〈痴女ヘブン〉
淫乱痴女ＳＥＸ傑作８時間　〈痴女ヘブン〉
嫌がる他人の女を犯る４時間　〈ムーディーズ〉
ゆりあ先生の誘惑授業　里美ゆりあ　〈アイデアポケット〉
鮮明な映像美！　高画質ＳＥＸ　16時間　〈ROOKIE〉
激腰振り騎乗位！　馬乗り痴女ＦＵＣＫ　〈痴女ヘブン〉
IP VENUS COLLECTION　〈アイデアポケット〉
真性中出し　里美ゆりあ　〈ムーディーズ〉

潮吹きベストの傑作 終わらない潮吹き100連発24時間 〈ROOKIE〉
美女痴女たちのハメ狂い大乱交BEST 〈痴女ヘブン〉
美巨乳痴女31本番6時間～縦横無尽に激揺れ～ 〈痴女ヘブン〉
男を犯す美尻痴女6時間～腰振りが止まらない～ 〈痴女ヘブン〉
日めくりオナニーカレンダー2 〈アイデアポケット〉
チ○ポを鍛える励まし淫語セックス 里美ゆりあ 〈ムーディーズ〉
厳選美ッ痴！ 売れまくり高セールス極上FUCK 〈痴女ヘブン〉
本番ですよっ！ たびたび 〈アイデアポケット〉
IP SUPER GIRLS BEST 100人16時間 〈アイデアポケット〉
白の巨塔3 〈アイデアポケット〉
愛しのゆりあ様 里美ゆりあ 〈アイデアポケット〉
同時にイクまで昇り詰めるSEX 里美ゆりあ 〈ムーディーズ〉
怒涛のザーメンシャワー！ 大量ぶっかけ1500発16時間 〈ROOKIE〉
痴女ハーレム38時間 〈アイデアポケット〉
IPスポコス 美女30人のコスプレ大運動会480分 〈アイデアポケット〉
IPストッキング Collection ストッ王KING 8時間 〈アイデアポケット〉
真性アナルFUCK 里美ゆりあ 〈ムーディーズ〉
ハレンチ痴療！ ナース80人16時間 〈ROOKIE〉
空中レロレロ 超S級単体女優のエアキッス3 〈ROOKIE〉
淫乱美ッ痴103本番SEX8時間 〈痴女ヘブン〉

おじゃましま〜す！ 19人のIP美女たちがアナタの自宅に訪問スペシャル！ 8時間 〈アイデアポケット〉
IP美女が感じっぱなし！ 丸見え正常位２００人24時間 〈アイデアポケット〉
聖水お漏らし大放尿スペシャル　里美ゆりあ 〈ムーディーズ〉
フェラチオベストの名編 フェラ抜き天国２００連発24時間 〈ROOKIE〉
淫乱美ッ痴 ３Ｐ6時間 〈痴女ヘブン〉
里美ゆりあ 厳選 SPECIAL FUCK ８時間 完全保存版 〈痴女ヘブン〉

【二〇一二年】

ハンドシェイク ブギ〜な胸騒ぎ 〈アイデアポケット〉
噴かせ！ヤラかせ！ イカセまくり祭り！ 〈アイデアポケット〉
ピストン後IP美女達がキレイ♪キレイ♪してくれる愛情たっぷりSEX集 〈アイデアポケット〉
２０１2年！ ぬけましておめでとう！ 新春IP姫達によるフェラ初め１００本抜き8時間 〈アイデアポケット〉
MOODYZ 歴代セールスTOP50作品 中出し編 〈ムーディーズ〉
ホッとするエッチ　里美ゆりあ 〈ムーディーズ〉
美ッ痴 ＴＯＰ１００タイトル ８時間ＢＥＳＴ 〈痴女ヘブン〉
淫乱美ッ痴 レズＦＵＣＫ4時間ＢＥＳＴ 〈痴女ヘブン〉
S級女優16人の口だけでするフェラチオ 〈アイデアポケット〉
クンクン舐め舐めクンニベスト!! 〈アイデアポケット〉
欲のままに本能のままに僕は美女だけと接吻しまくり 〈アイデアポケット〉
露出痴女　里美ゆりあ 〈ムーディーズ〉

美ッ痴！淫口フェラチオ8時間スペシャル　〈痴女ヘブン〉
射精寸前の絶頂SEX6時間　〈痴女ヘブン〉
メガネでハメろ！IP猥褻メガネニスト30名8時間　〈アイデアポケット〉
美しいお姉さんの濃厚過ぎる接吻と接吻と接吻とSEX　〈アイデアポケット〉
GOODモーニング娘達のグッドな朝からSEX8時間♪♪　〈アイデアポケット〉
イクぞーー！1・2・3ドゥピュュュ〜！発射直前からパンパンペロペロで大発射！
　〜182人8時間ノンストップ発射オンパレード!!〜　〈アイデアポケット〉
働くスーツのお姉さん4時間　〈ムーディーズ〉
2穴ズボズボ!! イキまくる89穴！　〈ムーディーズ〉
女教師 レイプ 輪姦　里美ゆりあ　〈ムーディーズ〉
SSS級オールスターズ メガ凌辱スペシャル16時間　〈ROOKIE〉
厳選有名女優 淫乱ファックBEST　〈痴女ヘブン〉
BEST100セレクション！ 騎乗位8時間スペシャル　〈痴女ヘブン〉
本能と欲望の濃密SEX8時間スペシャル!!　〈アイデアポケット〉
3Pが大スキ！ 2本無いと物足りないIP美女 40名8時間　〈アイデアポケット〉
中出し1450連発　〈ムーディーズ〉
美しき百合の花園 レズビアン4時間　〈ムーディーズ〉
ふたなりワールドSPECIAL　里美ゆりあ　篠めぐみ　〈ムーディーズ〉
フィニッシュ寸前の超気持ち良いSEX 307連発 第2弾　〈ROOKIE〉
IDEAPOCKET下半期傑作集2011　〈アイデアポケット〉

4時間4本番SPECIAL　里美ゆりあ　〈ムーディーズ〉
働くオンナの逆レイプBEST　〈痴女ヘブン〉
荒淫美ッ痴ハメ狂い大乱交スペシャル8時間　〈痴女ヘブン〉
綺麗なお姉さん達に犯されたい8時間SPECIAL　〈痴女ヘブン〉
これが膣！これが質！高画質IP女優美画裸SEX　S級美女30名高画質SEX8時間　〈アイデアポケット〉
むりやり射精させられた僕　4時間　〈ムーディーズ〉
かけて犯してイカせろ！ザーメン超大量　ぶっかけFUCK　40人8時間　〈アイデアポケット〉
男なら仁王立ちフェラ！女をしゃがませてフェラさせる8時間　〈アイデアポケット〉
聖職女性を犯す！汚す！輪姦す!! 女教師レイプ輪姦　コンプリート　〈ムーディーズ〉
里美ゆりあの宅配ソープ　里美ゆりあ　〈ムーディーズ〉
ナイトフィーバーSEX☆今夜はもっと強く抱いて！
　もうアナタしか見えない！8時間フィーバー!!　〈アイデアポケット〉
GTF☆グレートティーチャー達のフェラチオ授業8時間!!
　～授業中にたるんでる生徒はしゃぶっちゃうわよ!! スペシャル☆～　〈アイデアポケット〉
夏だ！水着だ！SEXだ！真夏のエロエロ大感謝祭☆
　欲情の波をピストン摩擦で横切っちゃいなよ8時間!!　〈アイデアポケット〉
IP美女がイキまくりイカされまくり！絶頂ばかり100人8時間　〈アイデアポケット〉
【AV30】厳選美ッ痴女性交─究極の快楽に溺れ狂う美女─　〈痴女ヘブン〉
【AV30】祝AV30周年 MOODYZは全部ガチ!! 歴代超人気女優100人
　超人気シリーズ真性中出しコンプリート12時間　〈ムーディーズ〉

逆痴漢　里美ゆりあ　〈ムーディーズ〉
THE IP ULTRA BEST 2011 全タイトル凝縮完全収録！ 8時間保存版!!　〈アイデアポケット〉
乳首をネットリ責めてあげる　里美ゆりあ　〈ムーディーズ〉
淫乱女教師に身を任せよ！ 美人女教師達の誘惑授業 8時間快楽指導!!　〈アイデアポケット〉
お漏らしが止まらない！ 気持ちよすぎる失禁・羞恥お漏らし200人16時間　〈ROOKIE〉
イヤラしい痴女の絶頂と潮吹き6時間　〈痴女ヘブン〉
QUEEN OF 痴女 里美ゆりあBESTフェラチオ6時間　〈痴女ヘブン〉
Everyday ガ〜ンシャ!! ザーメンビュンビュン迸る顔面直撃 顔射SEX 8時間　〈アイデアポケット〉
嗅ぎたい！ 舐めたい！ 舐められたい！
　これぞ69 シックスナインBEST8時間！！！　〈アイデアポケット〉
拘束されて抵抗できず穴に成り下がった女　〈ムーディーズ〉
またがり淫語お姉さん　里美ゆりあ　〈ムーディーズ〉
淫乱痴女SEX8時間　〈痴女ヘブン〉
手マン道 手淫を愛する漢達に捧げる讃歌 8時間!!　〈アイデアポケット〉
ダイジェスト的なBESTにはもう飽きた！ 特撰アナル 極少編集　〈ムーディーズ〉
里美ゆりあが童貞クン食べちゃうぞ！　〈ムーディーズ〉
ランジェリーナJOY 魅惑の下着姿で悩殺する美女達の8時間SEX　〈アイデアポケット〉
スター○見え本番報告2 抜き差しバッチリ8時間!!　〈アイデアポケット〉
見下されながら騎乗位で犯された僕。〈ムーディーズ〉
1日10回射精しても止まらないオーガズムSEX　里美ゆりあ　〈ムーディーズ〉

3・2・1イク〜！ 発射間際からチュパチュパレロレロのフェラで大発射！
〜総勢166人8時間ノンストップ発射オンパレード!!〜 〈アイデアポケット〉
男根一本に群がる淫女達8時間 〈痴女ヘブン〉
まわれまわれフェラーアイランド★100連続フェラ抜き8時間頂上決戦!! 〈アイデアポケット〉
目隠しor拘束した男を無理やり強制射精4時間 〈ムーディーズ〉
里美ゆりあの46本番8時間SPECIAL！ 〈ムーディーズ〉
E-BODY×MOODYZコラボSPECIAL SSS-BODY 完全女性上位主義。 里美ゆりあ 〈E-BODY〉
レズベストの名品！ 求め合うレズビアン100SEX 24時間 〈ROOKIE〉
臭い精子で美顔を犯す！ ぶっかけ顔射1000発101人24時間 〈アイデアポケット〉
淫らな責め好きお姉さんの美脚ストッキング6時間 〈痴女ヘブン〉

【二〇一三年】
限界ギリギリ 露出痴女 〈ムーディーズ〉
夢の痴女3姉妹 里美ゆりあ 〈ムーディーズ〉
自宅でエッチしよ 美女50人の訪問SEX 16時間 〈ROOKIE〉
女性上位時代サードシーズン 美し過ぎる女達の
わがまま騎乗位セックス40人8時間スペシャル！ 〈アイデアポケット〉
美4周年記念 淫乱痴女SPECIAL108TITLE 8時間 〈痴女ヘブン〉
発射寸前のものすごく気持ち良い淫口フェラチオ6時間 〈痴女ヘブン〉
スーパーボディ×ピタコスSPECIAL 里美ゆりあ 〈ムーディーズ〉

子宮を突かれてイキまくりＦＵＣＫ ８時間 〈アイデアポケット〉
ど・淫乱 ど・すけべ ど・変態 心の底からエロオーラ全開ＳＥＸ16時間 〈ROOKIE〉
完全保存版！ 里美ゆりあコンプリート12時間 〈痴女ヘブン〉
Ａ女Ｅ女 寝ても覚めても忘れられないイイ女達のプラチナクラスＳＥＸ８時間ＦＵＣＫ★ 〈アイデアポケット〉
イキ狂い逆反りファック 〈E-BODY〉
Ｍ男専用回春エステティシャン 里美ゆりあ 〈ムーディーズ〉
禁断な関係 ヤッテはイケナイ相手とヤッテしまう女達 ８時間30人物語 〈アイデアポケット〉
働くお姉さんにイカされたい８時間 〈痴女ヘブン〉
働くオンナたちの36ＳＥＸ８時間 〈アイデアポケット〉
男女が見つめ合って同時にイクＳＥＸ４時間 〈ムーディーズ〉
高画質ベロ絡み接吻ファック８時間 〈E-BODY〉
痴女インストラクター 里美ゆりあ 〈ムーディーズ〉
魅惑の授業は蜜の味！ 憧れの女教師16時間 〈ROOKIE〉
中出し射精直前の生だからより気持ちのいいピストン 〈ムーディーズ〉
ドリームウーマン Vol.91 里美ゆりあ 〈ムーディーズ〉
髪の短い女の子～全国のショートヘアー好きに捧げるラブリーな８時間！～ 〈アイデアポケット〉
美脚長身ＢＥＳＴ 美麗な長身メリハリＢＯＤＹと
しなやかな脚線美に魅せられる８時間 〈アイデアポケット〉
綺麗なお姉さんの淫らな腰振りで犯されたい！ ８時間 〈痴女ヘブン〉
激ピストンＭＡＸ！ IP美女たちが悶えまくる！ 加速する欲棒突きＦＵＣＫ８時間 〈アイデアポケット〉

ご奉仕しちゃうぞ 言われるがままヤラれるがままに
　尽くしまくりのIP御奉仕ＳＥＸ 8時間 〈アイデアポケット〉
1年３６５通りの日替わり中出し16時間 〈ムーディーズ〉
しゃぶりだしたら止まらない　里美ゆりあ 〈ムーディーズ〉
SS級女優 完全露出 16時間 Vol.2 〈ROOKIE〉
痴女属性のオンナたち 痴女盛りの極上美女たちが
　敏感チンポをしゃぶってしごいてハメ倒す射精必至の8時間 〈アイデアポケット〉
〝ついつい〟その場のノリと流れでＳＥＸしてしまった女達 勢いの8時間 〈アイデアポケット〉
どしゃぶり!! IP美女たちの究極の高画質フェラチオＢＥＳＴ16時間!! 〈アイデアポケット〉
ドラマシーンも収録で臨場感たっぷり!! その女がレイプされた理由… 〈ムーディーズ〉
Dcup 超絶品ソープ嬢　里美ゆりあ 〈ムーディーズ〉
高画質 ブッチギリに凄い！ ぶっかけ16時間 〈ROOKIE〉
鮮明画質でヌキ挿しバッチリ丸見え！ IP高画質ハメシロＳＥＸ２ 8時間 〈アイデアポケット〉
恥汁が止まらない！ 潮噴き失禁おもらしびちょ濡れＢＥＳＴ
　噴きまくり！ イキまくり！ ドスケベ女達の淫潮失禁祭8時間！ 〈アイデアポケット〉
E-BODY 激情交尾8時間 〈E-BODY〉
奔放すぎるうちの姉貴。 里美ゆりあ 〈ムーディーズ〉
美熟女に昇天するまで犯されたい8時間 〈痴女ヘブン〉
美しいオンナの美しい淫乱ＳＥＸ１００タイトル8時間 〈痴女ヘブン〉
３・２・１イク～！ 炸裂！ スマッシュヒット！ 発射間際からパンパンドピュドピュの大発射！

★154人8時間ノンストップ発射オンパレード フルスロットル★ 〈アイデアポケット〉
里美ゆりあの50本番8時間 SPECIAL！ 〈ムーディーズ〉
里美ゆりあにむりやり射精させられた僕 〈ムーディーズ〉
極ごっくん!! 計量不可能な爆量ザーメンをS級女優が
ゴックンゴックン飲み絞る超ド級の8時間!! 〈アイデアポケット〉
淫女お姉さんが咥える イヤラしいフェラチオ100連発8時間 〈痴女ヘブン〉
IDEAPOCKET 歴代売上げ TOP100 16時間!! 〈アイデアポケット〉
極上性接待 開店 IP風俗の館 これが記憶に焼きつく快楽8時間だ!! 〈アイデアポケット〉
犯される女教師8時間 〈ムーディーズ〉
美女 × 美ボディ限定40人 〈E-BODY〉
里美ゆりあがあなたのお嫁さん 〈ムーディーズ〉
高画質 徹底的に犯し尽くす輪姦16時間 〈ROOKIE〉
超豪華S級人気女優48人のデビュー&初心なSEX16時間 〈ROOKIE〉
高画質日替わりSEX8時間2 〈E-BODY〉
舌と唇で感じあう濃密ベロキスづくし 里美ゆりあ 〈ムーディーズ〉
高画質 悶え苦しむ拘束 16時間 〈ROOKIE〉
射精寸前の絶頂SEX8時間スペシャル 〈痴女ヘブン〉
着衣SEX 全裸は獣、脱がないエロさは人にしか伝わらない！～着衣挿入8時間～ 〈アイデアポケット〉
恥ずかしい…アナルエッチ 8時間 〈ムーディーズ〉
乳首攻め騎乗位 34人 〈E-BODY〉

東洋一のクビレ巨乳 8時間 〈E-BODY〉
E-BODY 300 SEX 24時間 〈E-BODY〉
ご奉仕？ 痴女メイド 里美ゆりあ 〈ムーディーズ〉
ローションまみれ！泡まみれ！全身にゅるにゅるソープ BEST 16時間 〈ROOKIE〉
痴女お姉さんの強制寸止め快楽地獄6時間 〈痴女ヘブン〉

【二〇一四年】

厳選！ 美しいオンナの美しいセックス 極上の痴女性交8時間 〈痴女ヘブン〉
痴女お姉さんの絶頂アクメと潮吹き噴射8時間スペシャル 〈痴女ヘブン〉
綺麗なお姉さんのイヤラしい悩殺オナニー8時間 〈痴女ヘブン〉
痴女お姉さんの凄いテクニック淫手コキ8時間スペシャル 〈痴女ヘブン〉
高画質！ 淫女お姉さんが咥える イヤラしいフェラチオ8時間 〈痴女ヘブン〉
射精寸前の最高に気持ちいいジュボジュボ汁だくフェラチオ 4時間 〈ムーディーズ〉
集団輪姦!! 連続中出し BEST vol.2 〈ムーディーズ〉
淫語手コキお姉さん 里美ゆりあ 〈ムーディーズ〉
玩具にイカされた女達 おもちゃでアン♪アン♪アン♪と喘ぐ8時間!! 〈アイデアポケット〉
真性中出し特濃107連発 〈ムーディーズ〉
猛烈なKISSと絡み合う肉体 里美ゆりあ 〈ムーディーズ〉
30本のチ〇ポと大乱交 里美ゆりあ 〈ムーディーズ〉
串刺し連結3P FUCK 〈アイデアポケット〉

ＡＶ女優の凄テクほどこし性行為　〈ムーディーズ〉
ＲＱお姉さんの誘惑セックス　里美ゆりあ　〈ムーディーズ〉
震える肉感桃尻！ 響き渡る尻打音！ 止まらない鬼ピストンバックＦＵＣＫ8時間!!　〈アイデアポケット〉
無言でＳＥＸ、ちょ〜色っぽい濃密性交 喘ぎ声と愛撫音しか聞こえない
　卑猥で淫靡な没頭ＳＥＸ8時間！　〈アイデアポケット〉
美しすぎる2大専属お姉さん 夢の痴女共演4時間 SPECIAL !!　大橋未久　里美ゆりあ　〈ムーディーズ〉
密室・覗き・盗撮・ハメ撮り・プライベートＳＥＸ 赤裸々な快感 8時間　〈アイデアポケット〉
ROOKIE 選抜！ スポコスＢＥＳＴ16時間　〈ROOKIE〉
失禁 お漏らし 超恥ずかしい！ 我慢できずにビチャビチャ 16時間　〈ROOKIE〉
ザーメン欲しさにくっさいチ○ポをジュボジュボしゃぶる！ 淫語たっぷり！ 口マ○コにずっぽり！
　ドスケベ痴女達の濃厚鬼フェラチオＢＥＳＴ8時間!!　〈アイデアポケット〉
パンチラ誘惑お姉さん　里美ゆりあ　〈ムーディーズ〉
ゆりあの凄テクで男潮吹き体質に改造トレーニング　里美ゆりあ　〈ムーディーズ〉
IPコスチューム祭！ Part2 !! 美女の着せ替えコスプレ１００変化16時間スペシャル　〈アイデアポケット〉
可愛いすぎるショートカット美少女と楽しくＳＥＸ16時間　〈ROOKIE〉
里美ゆりあ ×PREMIUM プレミアム尽くし4時間SP　〈プレミアム〉
発射直後のアッツアツ精子を全部飲んじゃう ごっくんＢＥＳＴ16時間　〈ROOKIE〉
スペシャルデリバリー！ ＡＶ女優が素人のお宅訪問8時間！　〈ムーディーズ〉
痴女お姉さんの昇天テクニック 強制射精8時間　〈ムーディーズ〉
動けない…イキたくない…ヤダ、イっちゃう!! 動けない女を強制鬼イカセ!!　〈ムーディーズ〉

超高級ランジェリー　里美ゆりあ　〈プレミアム〉
美人お姉様限定！ピタッ！ムチッタイトスカートSEX8時間　〈ムーディーズ〉
完全限定生産　1日10回射精しても止まらないオーガズムSEX PREMIUM BOX　〈ムーディーズ〉
里美ゆりあとイチャイチャ中出し同棲生活　〈プレミアム〉
プレミアム スタイリッシュソープ ゴールド　里美ゆりあ　〈プレミアム〉
複数の男たちで顔もカラダも精子で汚しまくる！ぶっかけ輪姦BEST 16時間　〈ROOKIE〉
誘惑女教師～痴女タイトスカート編～　里美ゆりあ　〈プレミアム〉

【二〇一五年】

五感すべてでイカせてくれる！ドスケベお姉さんと快感セックス 8時間　〈プレミアム〉
ヤリすぎほろ酔いセックス　里美ゆりあ　〈プレミアム〉
ちゅぱちゅぱシコシコ乳首舐め手コキ　〈ムーディーズ〉
誰にも言えず、誰にも知られたくない。禁断 近親相姦16時間　〈ROOKIE〉
アイポケファンの皆さまへ！超豪華福袋8時間！
　IP女優30人 × 人気シリーズ30作品のコラボ作！　〈アイデアポケット〉
真性痴女！桜ここみ 里美ゆりあ JULIA 12時間スペシャル永久保存版　〈痴女ヘブン〉
高画質！働くお姉さんに昇天するまで犯されたい 超絶スペシャル12時間3枚組　〈痴女ヘブン〉
高画質！淫乱痴女31人日替わりFUCK8時間　〈痴女ヘブン〉
ヤリたがり美女たちがあらゆる手段でハメまくる誘惑セックス 8時間 BEST　〈プレミアム〉
中出しお義姉さんの誘惑―魔性の魅力で誘う淫らな兄嫁―　里美ゆりあ　〈プレミアム〉

お姉さん31人 日替わり誘惑SEX8時間 〈プレミアム〉
濃厚、密着、セックス。 里美ゆりあ 〈プレミアム〉
他人の妻は蜜の味 人妻寝とりSEX16時間 〈ROOKIE〉
お姉さんのアナルむき出しファック50連発4時間 〈プレミアム〉
プレミア女優がお風呂でフェラとかパイズリしてくれるの最高すぎww 〈プレミアム〉
誘惑パンスト痴女OL 里美ゆりあ 〈プレミアム〉
もう限界！ Gスポット直撃ハメ潮BEST 〈ムーディーズ〉
お姉さんの指ズボこねクリ絶頂オナニー 4時間 〈プレミアム〉
横からフェラチオお姉さん 4時間 〈プレミアム〉
誘惑おま○こ 里美ゆりあ 〈プレミアム〉
繰り返す悪夢…オンナを強制的に犯す凌辱レ○プ16時間 〈ROOKIE〉
官能的なキス vol.2 〈ROOKIE〉
着替えから中出しセックスまで！ 何からナニまでしてくれる姉さん女房 里美ゆりあ 〈プレミアム〉
人気女優 限界露出16時間 Vol.3 〈ROOKIE〉
溜め込んだ精子を子宮にぶちまける！ 高画質 ドックドク中出し100連発16時間 〈ROOKIE〉
見つめて感じる正常位 vol.2 〈ROOKIE〉
イキものがたり 総勢50名!! アイポケ美女のイク瞬間をピンポイントで抜き出した
　イキ過ぎイキまくりイキ走るイキイキ限界突破 8時間！ 〈アイデアポケット〉
よだれと汗と愛液が混じり合う。 接吻ベロキス貪り交尾BEST 〈プレミアム〉
里美ゆりあに1カ月禁欲させてから男を与えたら、

精根吸い尽くしても貪り続けるもの凄い痴女性交 〈プレミアム〉
全感度が一極集中する亀頭責めＢＥＳＴ 〈ムーディーズ〉
熟れた美女のカラダを弄ぶ 犯された美熟女 16時間 〈ROOKIE〉
発射直後のアッツアツ精子を全部飲んじゃう ごっくんＢＥＳＴ16時間 part.2 〈ROOKIE〉
官能的なキス vol.4 〈ROOKIE〉
ギリマン見せつけＲＱ 里美ゆりあ 〈プレミアム〉
濡れる身体。感じあう愛撫 vol.4 〈ROOKIE〉
過激すぎて1回じゃ終わらない連続射精ＳＥＸ４時間 〈ムーディーズ〉
プレミアム スタイリッシュソープ ゴールド ハーレム三輪車＆Ｗチェアスペシャル 〈プレミアム〉
高画質 お姉さんの見せつけ美尻＆美脚の誘惑 〈プレミアム〉
里美ゆりあ PREMIUM BEST ８時間 〈プレミアム〉
玩具にイカされた女達２ 人間の女をイカすことだけに開発された
　最強野郎の仕事ぶり ８時間 〈アイデアポケット〉
放尿、潮吹き、大失禁。ＢＥＳＴ
　お姉さんたちのダダ漏れ絶頂おま○こ２００リットルスペシャル 〈プレミアム〉
女体盛り宴会にお背中流し、濃厚セックスサービス！
　リピーター率１００％の極上おもてなしエロ女将 里美ゆりあ 〈プレミアム〉
中年オヤジの荒々しい接吻ＳＥＸにイキ堕ちちゃった女達 〈ムーディーズ〉
痴女の巨尻誘惑50名４時間ベスト 〈痴女ヘブン〉
ボクを誘うイタズラ痴女教師 ８時間 総勢35名

大人の階段に登らせてくれたのはアナタ方変態教師です!!　〈アイデアポケット〉
感じながらトロトロおま○こでイカせてくれる騎乗位お姉さんBEST　〈プレミアム〉
痴女教師たちの誘惑セックスBEST　〈プレミアム〉
誘惑エロお姉さま家庭教師　里美ゆりあ　〈プレミアム〉
興奮度120%パンツずらしてチ○コ挿入する着衣セックス16時間　〈ROOKIE〉
感度・色・形・大きさが完璧な美チクビを揉みたい吸いたいしゃぶりたい16時間　〈ROOKIE〉
野外逆レ○プ！男を喰らう痴女4時間　〈痴女ヘブン〉
膣奥×亀頭がゴリゴリ!ディープインサートFUCK31人BEST　〈プレミアム〉
エッチなお姉さんたちとイチャイチャ中出し同棲生活。BEST　〈プレミアム〉
超快感発射に導く寸止め痴女フェラ　里美ゆりあ　〈プレミアム〉

【二〇一六年】

プレミアム　2015年上半期傑作選　8時間 2015.1～2015.6　〈プレミアム〉
プレミア女優の美脚×ストッキング3 美脚痴女スペシャル　〈プレミアム〉
トロトロイキ顔×ドロドロ顔射　里美ゆりあ　〈プレミアム〉
濃厚、密着、セックス。BEST 押し寄せる快感と昇りつめる絶頂SEX8時間 SPECIAL　〈プレミアム〉
ヤってはいけない場所なのに気持ちよすぎて逆らえない 痴女プレイBEST　〈プレミアム〉
逆3P痴女ヘブン～ベテラン2人のテク披露祭り!!～　里美ゆりあ　香西咲　〈痴女ヘブン〉
スーツ女子30人との優雅な戯れSEX～ビシッとスーツを纏った
完全無欠のイイ女を自由気ままにヤリまくる8時間～　〈アイデアポケット〉

未知のオーガズムを開発してくれる絶品痴女テクニックＢＥＳＴ　〈プレミアム〉
男はじっとしてて…究極の腰振りフルコース　里美ゆりあ　〈プレミアム〉
ちんちんクリクリ　痴女お姉さんが射精管理してあげるっ！
　気持ち良すぎる絶頂チ○コ責め８時間　〈ROOKIE〉
よりどりチ○コをまとめてフェラチオ
　一度に２本も３本もチ○ポを咥えしゃぶりまくる淫獣女50人８時間!!　〈アイデアポケット〉
絶頂男潮ベスト　射精を超えた究極快感!!　〈ムーディーズ〉
プレミアム10周年記念　ベスト・オブ・プレミアム　12時間　2011～2015　〈プレミアム〉
プレミアム10周年記念里美ゆりあファン感謝祭　一般男性たちと大乱交　〈プレミアム〉
発射寸前！　我慢汁垂れ流しの気持ちいいフェラチオ３１６連射16時間第５弾　〈ROOKIE〉
敏感極上ボディのお姉さん31人と日替わりセックス　〈プレミアム〉
トロけるフェラチオからお掃除フェラＢＥＳＴ　〈プレミアム〉
中出し女教師の誘惑～憧れの若妻先生と秘密の校内性交～　里美ゆりあ　〈プレミアム〉
プレミア女優の美尻コレクション　ド迫力尻スペシャル　〈プレミアム〉
子作りを一日中せがむ奥さんと何度も中出し　里美ゆりあ　〈プレミアム〉
痴女だらけとボク１人ＢＥＳＴ　パートII　天国or地獄のハーレムプレイ４時間　〈痴女ヘブン〉
教え子には見せられない　先生と呼ばれている人間も裏では
　バンバンＳＥＸしているんです８時間 SPECIAL　〈アイデアポケット〉
後ろから手コキ　普通の手コキより気持ちイイ　背後からの手コキＢＥＳＴ　〈プレミアム〉
キレッキレにセックス筋肉が発達した極上痴女の騎乗位中出し　里美ゆりあ　〈痴女ヘブン〉

里美ゆりあ PREMIUM BEST 8時間 vol.2 〈プレミアム〉
プレミアム スタイリッシュソープゴールドBEST 480分
　8回転ピンクチェアコース時間内無制限発射スペシャル 〈プレミアム〉
強制痴女バキューム！ 射精直前フェラチオ即ヌキ61連発!! 〈痴女ヘブン〉
ミニスカで誘惑する色気ムンムンお姉様　里美ゆりあ 〈痴女ヘブン〉
ド痴女だらけ強制24射精 痴女ハーレム楽園 〈痴女ヘブン〉
中出しお義姉さんの誘惑 お義姉さん8人の甘い誘惑 8時間ベスト 〈プレミアム〉
デカチン超硬勃起ガポッじゅるフェラBEST 〈ムーディーズ〉
顔が埋もれるほどお尻をメリ込ませる 顔面騎乗位8時間 〈ROOKIE〉
痴女教師がチョーク代わりにチ○ポを握って挿れるのが当たり前の世界 〈痴女ヘブン〉
痴女のバーチャルSEXで淫語挑発されながら騎乗位で犯されるボク 〈痴女ヘブン〉
美マン美女図鑑 4時間 〈プレミアム〉
大人のオンナを教えてあげる… 美人女教師がマンツーマンで誘惑手ほどき
　プライベートSEXレッスン26本番！ 〈アイデアポケット〉
ボディコンお姉さんが媚薬を飲んだら72時間ド淫乱化！ 身動き取れない状態で中出し・
　男潮吹き・連続射精で気絶するまでヌカれ続けたボク…　里美ゆりあ 〈痴女ヘブン〉
スキャンダル【番外編】 鉄壁は崩れた！ 飲み会でお持ち帰りされた里美ゆりあ
　過去最高の盗撮映像そのままAV発売！ 〈アイデアポケット〉
高画質 アッツアツの精子を子宮に孕ませ中出し120発16時間 〈ROOKIE〉

【二〇一七年】

集団ぶっかけレ〇プに遭った里美ゆりあ（本人）
狙われた現役AV女優！　衝撃の問題作品！　〈アイデアポケット〉

突撃！　単体女優里美ゆりあが噂の風俗店に体当たりガチ潜入リポート！

おっぱいパブからアダルトショップ、SMクラブにハプニングバーと
カラダとアソコを張りまくって潜入取材してきました！　〈アイデアポケット〉

奪われた妻　里美ゆりあ　〈アタッカーズ〉

超W痴女 容赦なし！ 手加減なし！ ザーメンを根こそぎ搾り抜く！
天海つばさ　里美ゆりあ　〈アイデアポケット〉

ロケット乳・釣鐘乳・美白乳・お椀乳 日本女性すべての乳房タイプを揃えた
E-BODY 9年間史記念作品 巨乳図鑑300選24時間　〈E-BODY〉

営業課長の湿ったパンスト　里美ゆりあ　〈アタッカーズ〉

ハイクラスFUCKハイクオリティーSEXゴージャス性交　〈アイデアポケット〉

究極痴女テクで意思に反して強制射精 ドピュッ 8時間BEST　〈ROOKIE〉

発射寸前 吸引力が衰えないただひとつのバキュームフェラ8時間　〈ROOKIE〉

しゃぶり尽くしノーハンドフェラBEST　〈痴女ヘブン〉

アナル舐め手コキで射精したいと思わない？　〈痴女ヘブン〉

[著者プロフィール]
里美ゆりあ（さとみ・ゆりあ）

神奈川県横浜市生まれ。本名非公開。幼少のころにオナニーを覚え、小学6年生でセックス初体験。十代にして数多くの男友達とのセックス、援助交際、風俗パブのホステスなど、奔放な日々を過ごす。2003年、AV女優「小泉彩」としてデビュー。2008年に「里美ゆりあ」と改名。「痴女女優」というハードなドSキャラと、持ち前の白い肌に長い舌を活かしたプレイが話題となり、多くのファンの支持を獲得する。また、アイドルグループ「恵比寿マスカッツ」の六期生として芸能バラエティの世界でも活躍。TVタレントとしての知名度も得る。

2014年6月、東京国税局から2億4500万円の所得隠しを指摘され、1億7000万円の追徴課税を課されたことで、世間を騒然とさせた。

現在は、AV女優とキャバクラホステスの二足のわらじで多忙な日常をこなしつつ、幸せをもとめて第二の人生の舞台を模索中。

SEX《セックス》 &《アンド》 MONEY《マネー》 私《わたし》はそれを我慢《がまん》できない

2017年11月3日　初版第1刷発行

著　者　里美　ゆりあ
発行人　高須　基仁
発　行　モッツコーポレーション（株）
〒105-0004 東京都港区新橋5-22-3
ル・グランシエル BLDG3.3F
電話　03-6402-4710㈹　Fax　03-3436-3720
E-Mail　info@mots.co.jp
発　売　株式会社 展望社
〒112-0002　東京都文京区小石川3-1-7　エコービル202
電話　03-3814-1997　Fax　03-3814-3063
印刷・製本　モリモト印刷株式会社

定価はカバーに表示してあります。

ISBN978-4-88546-333-4

高須基仁の好評書

新国粋ニッポン闘議

——高須基仁 対談集——

神社、テレビメディアについて……。
剛腕 高須基仁が交わす、現代日本を憂う五人の論客との激論・闘論集！

●東條由布子（東條英機元首相の御孫令）●花田紀凱（月刊WiLL編集長）●田母神俊雄（元航空幕僚長）●滑川裕二（宮司）●朝堂院大覚（武道総本庁総裁）

高須基仁 著

本体価格 1350円
（価格は税別）

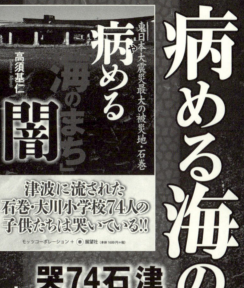